Marguerite d'Anjou,

créatrice d'histoire

Jacob Abbott

Writat

Cette édition parue en 2024

ISBN : 9789359949994

Publié par
Writat
email : info@writat.com

Contenu

PRÉFACE.

L'histoire de Marguerite d'Anjou fait partie de l'histoire de l'Angleterre, car la dame, bien que d'origine continentale, était la reine d'un des rois anglais, et l'Angleterre fut le théâtre de ses aventures et de ses exploits les plus remarquables. Elle a vécu à une époque très orageuse et a mené une vie très orageuse ; et son histoire, outre l'intérêt qu'elle suscite par les extraordinaires vicissitudes personnelles et politiques qu'elle relate, est également utile pour jeter beaucoup de lumière sur les idées du bien et du mal, du bien et du mal, ainsi que sur les mœurs et coutumes, tant de paix que de guerre, qui prévalaient en Angleterre à l'époque de la chevalerie.

CHAPITRE I.

LES MAISONS D'YORK ET DE LANCASTER.

Une véritable héroïne.

Marguerite d'Anjou était une héroïne ; non pas une héroïne de romance et de fiction, mais une réalité austère et terrible. Sa vie fut une série d'exploits militaires, accompagnés de dangers, de privations, de souffrances et de merveilleuses vicissitudes de fortune, sans précédent dans toute l'histoire de l'humanité.

Deux grandes querelles.

Elle est née et a vécu à une époque où régnaient dans la partie occidentale de l'Europe deux grandes et terribles querelles, qui durèrent plus de cent ans et qui maintinrent la France et l'Angleterre, ainsi que tous les pays qui leur étaient contigus, dans un conflit. état d'agitation continuelle pendant tout ce temps.

Concours entre les maisons d'York et de Lancaster.

La première de ces querelles est née d'un différend qui s'éleva entre les différentes branches de la famille royale d'Angleterre au sujet de la succession à la couronne. Les deux principales branches de la famille étaient les descendants respectivement des ducs d'York et de Lancaster, et les guerres qu'ils se livrèrent l'un contre l'autre sont appelées dans l'histoire les guerres des maisons d'York et de Lancaster. Ces guerres se poursuivirent pendant plusieurs générations successives, et Marguerite d'Anjou fut la reine de l'un des représentants les plus éminents de la lignée de Lancastre. C'est ainsi qu'elle fut plus intimement mêlée à la querelle.

Guerres en France.

La deuxième grande querelle qui prévalait durant cette période concernait les guerres menées entre la France et l'Angleterre pour la possession du territoire qui forme aujourd'hui la partie nord de la France. Une grande partie de ce territoire, sous les règnes qui précédèrent immédiatement celui de Marguerite d'Anjou, avait appartenu à l'Angleterre. Mais les rois de France cherchaient continuellement à en reprendre possession, les Anglais, bien entendu, faisant toujours une résistance désespérée. Ainsi, pendant cent ans, y compris du temps où vivait Marguerite, l'Angleterre fut impliquée dans une double série de guerres : l'une interne, menée par une branche de la famille royale contre l'autre pour la possession du trône, et l'autre externe, menée contre la France et d'autres puissances continentales pour la possession des villes et des châteaux, ainsi que des pays qui en dépendent, qui s'étendent le long de la rive sud de la Manche.

Origine de la difficulté.

Pour que l'histoire de Marguerite d'Anjou puisse être bien comprise, il faudra d'abord donner quelques explications sur la nature de ces deux querelles et sur les progrès qui avaient été faits dans celles-ci jusqu'au moment où Marguerite arriva. sur scène. Nous commencerons par les guerres internes ou civiles qui se livrèrent entre les familles d'York et de Lancaster. Notre histoire de Richard III donne quelques explications sur l'origine et la nature de cette difficulté, mais il est nécessaire d'y faire encore allusion ici et de donner quelques détails supplémentaires à son sujet, en raison de la partie très importante qui Marguerite d'Anjou a participé à la querelle.

La difficulté provenait des enfants et des descendants du roi Édouard III. Il régna au début du XIVe siècle. Il occupa longtemps le trône et son règne fut considéré comme très prospère et glorieux. Sa prospérité et sa gloire consistaient en grande partie dans le succès des guerres qu'il mena en France, et dans les villes, châteaux et districts de campagne qu'il y conquit et annexa au domaine anglais.

Les fils d'Édouard III.

Dans ces guerres, le vieux roi Édouard était très aidé par ses princes, ses fils, qui étaient de jeunes gens très guerriers, et qui étaient engagés de temps en temps dans de nombreuses campagnes victorieuses sur le continent. Ils commencèrent cette carrière très jeunes et la poursuivirent pendant toutes les années de leur vie adulte et de leur vie moyenne, car leur père vécut jusqu'à un âge avancé.

Le Prince Noir.

Les plus remarquables de ces princes guerriers étaient Édouard et Jean. Edward était le fils aîné et John le troisième par ordre d'âge de ceux qui atteignirent la maturité. Le second s'appelait Lionel. Edward, le fils aîné, était bien sûr le prince de Galles ; mais, pour le distinguer des autres princes de Galles qui l'ont précédé et suivi, il est communément connu dans l'histoire sous le nom de Prince Noir. Il reçut ce nom à l'origine en raison de quelque chose dans son armure qui était noire et qui marquait son apparition parmi les autres chevaliers sur le champ de bataille.

Richard II.

Le Prince Noir n'a pas vécu pour succéder à son père et hériter du trône, car il a perdu la santé lors de ses campagnes sur le continent, est rentré en Angleterre et est mort quelques années avant la mort de son père. Son fils, qui s'appelait Richard, était son héritier, et quand enfin le vieux roi Édouard mourut, ce jeune Richard succéda à la couronne, sous le titre de roi Richard II. Dans l'histoire de Richard II, dans cette série, un récit complet de la vie de son père, le Prince Noir, est donné et des diverses aventures remarquables qu'il rencontra au cours de ses campagnes continentales.

Jean de Gand.

Le prince Jean, le troisième des fils du vieux roi Édouard, est communément connu dans l'histoire sous le nom de Jean de Gand. Ce mot Gaunt était l'approche la plus proche que les Anglais pouvaient faire à cette époque de la prononciation du mot Ghent, le nom de la ville où John est né. Car le roi Édouard, au début de sa vie, avait l'habitude d'emmener toute sa famille avec lui dans ses campagnes continentales, et ainsi ses nombreux enfants naquirent dans des endroits différents, l'un dans une ville et l'autre dans une autre, et beaucoup d'entre eux ont reçu des noms des endroits où ils sont nés.

Sélection des roses.

Sur la page suivante nous avons un tableau généalogique de la famille d'Édouard III. En tête, nous avons les noms d'Édouard III. et Philippa sa femme. Dans une ligne ci-dessous se trouvent les noms des quatre de ses fils dont les descendants figurent dans l'histoire anglaise. C'est parmi les descendants de ces fils que surgirent les célèbres guerres entre les maisons d'York et de Lancastre, appelées guerres des roses.

Tableau généalogique de la famille d'Édouard III., montrant la connexion des maisons d'York et de Lancaster.

Tableau généalogique des descendants d'Édouard III.

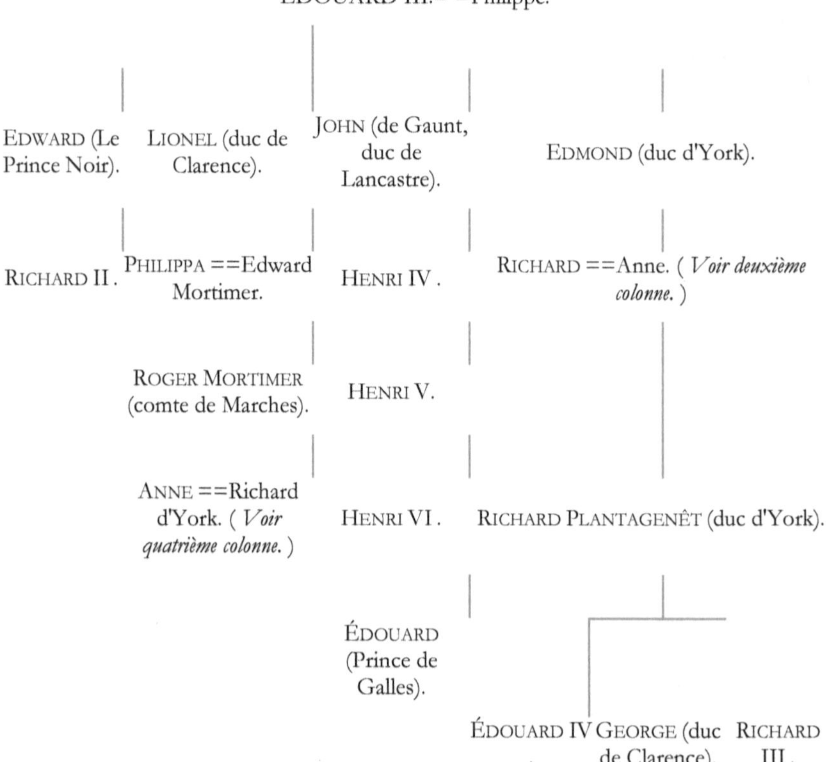

Le caractère == désigne le mariage ; la courte ligne perpendiculaire | une descente. Il y avait beaucoup d'autres enfants et descendants dans les différentes branches de la famille en plus de ceux dont les noms sont inscrits dans le tableau. Le tableau ne comprend que ceux essentiels à la compréhension de l'histoire.

Les roses.

Ces guerres furent appelées guerres des roses, parce que la rose blanche et la rose rouge furent en quelque sorte choisies comme insignes des deux partis, la rose blanche étant celle de la maison d'York, et la rouge celle de la maison d'York. la maison de Lancastre.

Les quatre frères.

Le lecteur remarquera que les ducs de Lancastre et d'York sont les troisième et quatrième des frères énumérés dans le tableau, alors qu'on aurait pu supposer que toute lutte qui aurait dû s'élever à l'égard de la couronne aurait eu lieu entre les familles des premier et deuxième. Mais les premier et deuxième fils et leurs descendants furent bientôt pour ainsi dire écartés de la compétition, de la manière suivante.

Ambition des oncles de Richard. Le personnage de Richard.

La lignée du premier frère s'éteignit bientôt. Edward lui-même, le prince de Galles, est décédé du vivant de son père, laissant son fils Richard comme héritier. Puis, à la mort du vieux roi, Richard lui succéda. Comme il était le fils aîné vivant du fils aîné, sa prétention ne pouvait être contestée et ses oncles y ont donc acquiescé. Ils désiraient beaucoup, il est vrai, gouverner le royaume, mais ils se contentaient de gouverner au nom de Richard jusqu'à ce qu'il devienne majeur, et alors Richard prit le gouvernement en main. Le pays fut assez bien satisfait sous sa domination pendant quelques années, mais finalement Richard devint dissipé et vicieux, et il domina le peuple d'Angleterre d'une manière si hautaine et l'opprima si sévèrement par les impôts et autres exactions qu'il imposait. sur eux, qu'un mécontentement très général prévalut enfin contre lui et contre son gouvernement. Ce mécontentement aurait donné à l'un ou l'autre de ses oncles un grand avantage dans tout projet qu'ils auraient pu former pour lui enlever la couronne. Dans l'état actuel des choses, cela augmentait considérablement leur pouvoir et leur influence dans le pays et diminuait, dans une mesure correspondante, celle du roi. Les oncles semblent s'être contentés de cette part de pouvoir et d'influence, qui semblait naturellement tomber entre leurs mains, et ne tentèrent aucune rébellion ouverte.

Son cousin Henri.

Richard avait cependant un cousin, un jeune homme à peu près de son âge, qui fut finalement poussé, par une suite de circonstances particulières, à se soulever contre lui. Ce cousin était le fils de son oncle John. Son nom était Henry Bolingbroke. Il apparaît dans le tableau généalogique sous le nom d'Henri IV, ce qui fut plus tard son titre de roi d'Angleterre.

Querelle entre Henry et Norfolk. Le procès.

Ce cousin Henry fut impliqué dans une querelle avec un certain noble nommé Norfolk. En effet, les nobles de cette époque étaient continuellement engagés dans des querelles et des querelles, qu'ils combattaient avec la plus grande imprudence, tantôt par des batailles régulières entre armées de vassaux, et parfois par des combats singuliers, dans lesquels les parties en conflit étaient censées s'affronter. faire appel au Dieu Tout-Puissant, qui, selon eux, ou professaient croire, donnerait la victoire au juste dans la querelle. Ces combats singuliers étaient organisés avec une grande cérémonie et un grand défilé, et se jouaient d'une manière très publique et solennelle ; étant, en fait, une partie reconnue et établie du système de droit public tel qu'administré à cette époque. Dans le chapitre suivant, en parlant plus particulièrement des mœurs et coutumes du temps, je rendrai compte en détail d'un de ces duels. Je dois seulement dire ici que Richard, apprenant la querelle entre son cousin Henry et Norfolk, décréta qu'ils la régleraient par un combat singulier, et les préparatifs furent donc faits pour le procès, et les parties parurent, armées et équipées pour le procès. combat, en présence d'un immense concours de personnes rassemblées pour assister au spectacle. Le roi lui-même devait présider l'occasion.

Henry est envoyé en bannissement.

Mais juste avant que le signal du combat fût donné, le roi interrompit les débats et déclara qu'il trancherait lui-même la question. Il déclara les deux combattants coupables et publia un décret de bannissement contre tous deux. Henry se soumit et tous deux se préparèrent à quitter le pays. Ces transactions, bien sûr, attirèrent une grande attention dans toute l'Angleterre, et elles contribuèrent à faire ressortir Henri d'une manière très visible devant les habitants du royaume. Il était dans la ligne directe de succession à la couronne, et il était, de plus, un prince d'une grande richesse et d'une immense influence personnelle, et ainsi, dans la mesure où Richard lui-même était détesté, Henry deviendrait naturellement un objet de popularité. sympathie et respect. Lorsqu'il entreprit son voyage vers la côte méridionale, pour quitter le pays en exécution de sa sentence, le peuple affluait le long des routes et se rassemblait dans les villes où il passait, comme s'il était un conquérant revenant de ses victoires. au lieu qu'un criminel condamné soit banni.

1400. Ses biens confisqués.

Peu de temps après, le duc de Lancastre, le père d'Henri, mourut, puis Richard, au lieu de permettre à son cousin de succéder aux immenses domaines que son père laissait, confisqua tous les biens, sous prétexte qu'Henri les avait confisqués, et ainsi l'a converti à son propre usage. Ce dernier outrage poussa Henri à un tel degré d'indignation qu'il résolut d'envahir l'Angleterre, de déposer Richard et de revendiquer la couronne pour lui-même.

Une révolution.

Ce plan fut mis à exécution. Henry leva un armement, traversa la Manche et débarqua en Angleterre. Le peuple a pris parti. Une grande majorité se rangea du côté d'Henry. Un compte rendu complet de cette insurrection et de cette invasion est donné dans notre histoire de Richard II. Tout ce qu'il faut dire ici, c'est que la révolution a été accomplie . Richard fut déposé et Henri prit possession du royaume. C'est ainsi que la maison de Lancastre s'établit pour la première fois sur le trône.

Les branches aînées de la famille.

Mais vous vous demanderez tout naturellement où se trouvaient pendant tout ce temps les représentants du deuxième frère dans la famille d'Édouard III, et pourquoi, lors de la destitution de Richard, qui était le fils du premier frère, ils ne se sont pas présentés et n'ont pas fait valoir leurs prétentions. concurrence avec Henri. La raison en était qu'il n'y avait aucun héritier mâle de cette branche vivant dans cette lignée. Vous verrez en vous référant encore au tableau que l'enfant unique de Lionel, le deuxième frère, était Philippa, une fille. Elle eut un fils, il est vrai, Roger Mortimer, comme le montre le tableau ; mais il était encore très jeune et ne pouvait rien faire pour affirmer les prétentions de sa lignée. En outre, Henri prétendait qu'en plus de ses prétentions au trône par son père, il en avait d'autres plus anciennes et mieux fondées encore par sa mère, qui, comme il tentait de le prouver, descendait d'un roi anglais qui régna *avant Édouard III* . Le peuple d'Angleterre, désireux d'avoir Henri pour roi, fut très facilement satisfait de ses arguments, et il fut donc décidé qu'il régnerait. La lignée de ce second frère, cependant, n'abandonna pas ses prétentions, mais les réserva, avec l'intention de se lever et de les faire valoir à la première occasion favorable.

Henri régna environ treize ans, puis son fils, Henri V, lui succéda, comme le montre le tableau. Il n'y a eu aucune tentative de perturber la lignée lancastrienne en possession du trône pendant ces deux règnes. L'attention des rois et du peuple, pendant toute cette période, fut presque entièrement absorbée par les guerres qu'ils faisaient en France . Ces guerres furent très fructueuses. Les Anglais conquirent province après province et château après château, jusqu'à ce qu'enfin presque tout le pays soit soumis à leur domination.

1422. Naissance et accession d'Henri VI.

Cet état de choses dura jusqu'à la mort d'Henri V, survenue en 1422. Il laissa à son héritier un petit fils, nommé aussi Henri, alors âgé d'environ neuf mois. Cet enfant fut aussitôt investi de l'autorité royale comme roi d'Angleterre et de France, sous le titre d'Henri VI, comme le montre le tableau. C'est cet Henri qui, arrivé à maturité, devint l'époux de Marguerite d'Anjou, sujet de ce volume. C'est également sous son règne que fut faite la première tentative efficace de contester le droit de la maison de Lancastre au trône, et ce fut dans les terribles luttes que cette tentative provoqua que Marguerite fit preuve de l'extraordinaire héroïsme militaire pour lequel elle est devenu si célèbre. Je raconterai les débuts de l'histoire de ce roi et expliquerai la nature de la combinaison qui s'est formée pendant son règne contre la lignée lancastrienne, dans un chapitre ultérieur, après avoir d'abord donné un bref compte rendu des mœurs et coutumes de cette époque comme sont nécessaires à la bonne compréhension de l'histoire.

CHAPITRE II.

MŒURS ET COUTUMES DE L'ÉPOQUE.

Les nobles. Leur mode de vie.

À l'époque où vivait Marguerite d'Anjou, les rois, princes, nobles et chevaliers qui prospéraient dans les royaumes d'Angleterre et de France, bien qu'ils fussent, relativement à la masse du peuple, bien plus riches, fiers et puissants que leurs compatriotes. Les successeurs vivent encore aujourd'hui, à bien des égards, d'une manière très grossière et barbare. Ils ne bénéficiaient que de très peu des avantages et des privilèges dont jouissent toutes les classes à notre époque. Ils avaient très peu de livres et très peu d'instructions qui leur permettaient de lire ceux qu'ils possédaient. Il n'y avait pas de bonnes routes par lesquelles ils pouvaient se déplacer confortablement d'un endroit à l'autre, ni de voitures à roues. Ils vivaient dans des châteaux, très solidement construits, et très grandioses et pittoresques parfois en apparence extérieure, mais très mal meublés et très peu confortables à l'intérieur. Les artisans étaient habiles à fabriquer de splendides caparaçons pour les chevaux et des armures coûteuses et étincelantes pour les hommes, et les architectes pouvaient construire de grandes cathédrales et les orner de sculptures et de colonnes qui sont la merveille de l'époque actuelle. Mais en ce qui concerne tous les moyens et appareils ordinaires de la vie quotidienne, même les nobles les plus riches et les plus puissants vivaient d'une manière très barbare.

Serviteurs des nobles.

La masse du peuple était tenue dans un état de soumission abjecte à la volonté des chefs, dans la condition d'esclaves, obligée de travailler dur pour cultiver les terres de ses maîtres, ou de sortir comme soldat pour se battre. dans leurs querelles, sans recevoir aucune compensation. La grande ambition de chaque noble et chevalier était d'avoir sous ses ordres le plus grand nombre possible de ces serviteurs. La seule limite au nombre que chaque chef pouvait rassembler était son pouvoir de les nourrir. Car à cette époque, il était plus facile de trouver des hommes pour combattre que pour s'engager dans tout autre emploi, et il y en avait un grand nombre toujours prêts à suivre tout commandant capable de les entretenir.

Leurs tribunaux.

Chaque grand noble vivait en grande pompe dans son château, comme un prince ou un petit roi. Ceux de la plus haute classe avaient leurs conseillers privés, leurs trésoriers, leurs maréchaux, leurs connétables, leurs intendants, leurs secrétaires, leurs hérauts, leurs poursuivants, leurs pages, leurs gardes, leurs trompettes, enfin tous les officiers divers qu'on trouvait à la cour du souverain. A cela s'ajoutaient des bandes entières de ménestrels, de mimiques, de jongleurs, de culbuteurs, de danseurs de corde et de bouffons. En outre, à chaque grand château était toujours attachée une grande troupe de prêtres et de moines qui accomplissaient le service divin selon les usages de l'époque, dans une chapelle magnifiquement décorée, construite à cet effet à l'intérieur des murs du château.

Grand pouvoir des nobles.

Ainsi, le pays tout entier était divisé, pour ainsi dire, en un grand nombre de juridictions distinctes, chacune ayant à sa tête un comte, ou un baron, ou un duc, qui régnait avec une emprise presque absolue sur tout ce qui concernait les affaires. la gestion intérieure de sa province, tout en reconnaissant cependant une certaine domination générale sur tout de la part du roi. Dans un tel état de choses, il n'est pas surprenant que les nobles aient souvent été assez puissants, comme cela apparaîtra au cours de ce récit, pour s'unir et établir et renverser des rois à leur gré.

Le comte de Warwick.

Le plus puissant de tous les grands nobles qui ont prospéré à l'époque de Marguerite d'Anjou était peut-être le comte de Warwick. Son influence fut si grande pour trancher entre les prétentions rivales des différents prétendants à la couronne, qu'il est connu dans l'histoire sous le titre de *Faiseur de rois* . Sa richesse était si énorme qu'on disait que le corps de serviteurs qu'il entretenait s'élevait parfois au nombre de trente mille hommes.

Amusements de la noblesse.

Les emplois et même les divertissements de ces grands barons et nobles étaient tous militaires. Ils méprisaient avec un grand dédain toutes les activités utiles de l'art et de l'industrie, les considérant comme des occupations réservées aux serfs et aux esclaves. Leurs affaires allaient en guerre, soit indépendamment les unes contre les autres, soit, sous le commandement du roi, contre un ennemi commun. Lorsqu'ils n'étaient engagés dans aucune de ces guerres , ils s'amusaient eux-mêmes et les gens de leurs cours avec des tournois, des combats simulés et des rencontres de toutes sortes, qu'ils organisaient en grande pompe et en grande parade dans les terrains ouverts adjacents à leurs châteaux.

Tribunaux de justice. Querelles entre nobles.

On ne pouvait pas s'attendre à ce que des chefs aussi puissants et guerriers comme ceux-là puissent être maintenus sous le contrôle de la loi par l'appareil ordinaire des tribunaux. Il y avait, bien sûr, des lois et des tribunaux à cette époque, mais ils étaient administrés principalement au peuple, pour la répression des délits communs. Les nobles, dans leurs querelles et conflits entre eux, avaient l'habitude de régler les questions qui se posaient par d'autres moyens. Parfois, ils le faisaient en rassemblant leurs troupes et en se combattant dans des campagnes régulières, au cours desquelles ils assiégeaient des châteaux et ravageaient des villages et des champs, comme en temps de guerre publique. Parfois, lorsque le pouvoir du roi était suffisant pour empêcher de tels éclats, les parties à la querelle étaient sommées de régler le différend par un combat singulier en présence du roi et de sa cour, ainsi que d'une grande multitude de personnes assemblées. spectateurs. Ces combats singuliers furent à l'origine de la coutume moderne du duel.

Duel.

De nos jours, le règlement des différends par un combat privé entre les parties est érigé en crime par les lois du pays. C'est à juste titre considéré comme une pratique barbare et insensée. L'homme qui provoque un autre en duel et le tue ensuite dans le combat, au lieu d'acquérir une quelconque gloire par cet acte, doit porter, pour le reste de sa vie, tant dans sa propre conscience que dans l'opinion de l'humanité, la marque et tache de meurtre. Et lorsque, au mépris de la loi, des opinions et des souhaits de tous les hommes de bien, deux adversaires impliqués dans une querelle sont rendus si désespérés par leurs passions colériques qu'ils désirent les satisfaire par ce moyen, ils sont obligés recourir à toutes sortes de manœuvres et de stratagèmes pour dissimuler le crime qu'ils vont commettre et pour éviter l'intervention de leurs amis ou des officiers de justice.

Combat d'épreuve.

Cependant, à l'époque des chevaliers et des barons semi-sauvages qui prospéraient si abondamment à l'époque dont nous écrivons, le règlement d'un différend par un combat singulier entre les deux parties était un mode de règlement ouvertement reconnu et parfaitement légitime. l'arbitrage, et le procès de la question se déroulait selon des formes et des cérémonies encore plus strictes et plus solennelles que celles qui régissaient les débats dans les tribunaux ordinaires.

La gravure de la page précédente est une sorte de représentation emblématique grossière d'un tel procès, copiée d'après un dessin d'un manuscrit ancien. On voit les combattants au premier plan, avec les juges et les spectateurs derrière.

Henri Bolingbroke.

C'est à un combat public et solennel de ce genre que Richard II convoqua son cousin Henri Bolingbroke et son ennemi, comme le raconte le dernier chapitre. Dans ce cas, le combat n'a pas eu lieu, le roi ayant pris l'affaire en main et condamné les deux parties avant que la lutte ne soit commencée. Mais dans une multitude d'autres cas, le procès s'est mené jusqu'à son terme avec la mort de l'une des parties et le triomphe et l'acquittement de l'autre.

Dispositions prises. Gardes.

De très nombreux récits détaillés et complets de ces combats nous sont parvenus dans les écrits des chroniqueurs anciens. Je donnerai ici la description de l'un d'eux, comme exemple de ce mode de procès, qui se livra sur la place publique devant le palais du roi Richard II, le roi lui-même, tous les principaux nobles de la cour et un une grande foule d'autres personnes se voient attribuer des sièges autour de la zone en tant que spectateurs du combat. Les nobles et les chevaliers étaient tous vêtus d'une armure complète ; des hérauts, des écuyers et des gardes étaient postés en grand nombre pour régler les débats. C'était par une belle matinée de juin que se déroulait le combat, et tout l'aspect de la scène était celui d'un spectacle grandiose et joyeux lors d'une journée de gala.

Grand rassemblement de personnes.

On estimait que plus de personnes des pays environnants venaient à Londres à l'occasion de ce duel qu'au moment du couronnement du roi. Elle a eu lieu environ trois ans après le couronnement.

Les parties.

Les parties au combat étaient John Anneslie , un chevalier, et Thomas Katrington , un écuyer. Anneslie , le chevalier, était la plaignante et la

challenger. Katrington , l'écuyer, était l'accusé. Les circonstances de l'affaire
étaient les suivantes.

Nature de la querelle. Château perdu.

Katrington , l'écuyer, était gouverneur d'un château en Normandie. Le
château appartenait à un certain chevalier anglais qui mourut plus tard, et sa
succession revint à Anneslie , la plaignante dans cette querelle. Si le châtelain
avait défendu avec succès le château contre les Français qui l'attaquaient,
alors il serait descendu avec les autres propriétés à Anneslie . Mais il ne l'a
pas fait. Lorsque les Français sont venus assiéger le château , Katrington l'a
rendu et il a donc été perdu. Il affirmait qu'il ne disposait pas de forces
suffisantes pour la défendre et qu'il n'avait d'autre choix que de se rendre.
Anneslie , en revanche, prétendait qu'il aurait pu la défendre, et qu'il l'aurait
fait s'il avait été fidèle à sa confiance ; mais qu'il avait été *soudoyé* par les
Français pour y renoncer. Katrington a nié cela ; alors Anneslie , très en
colère contre la perte du château, le défia en combat singulier pour résoudre
la question.

Raison de ce mode de procès.

Il est clair que c'était une manière très absurde de tenter de déterminer si
Katrington avait ou non été soudoyé ; mais, comme l'affaire s'était produite
quelques années auparavant et dans un autre pays, et comme d'ailleurs le fait
de donner et de recevoir des pots-de-vin est un fait toujours très difficile à
prouver par les preuves ordinaires, il fut décidé par le gouvernement du roi
que cette affaire C'était un cas approprié pour l'épreuve par le combat, et les
deux parties reçurent l'ordre de se préparer au combat. Le jour était
également fixé et le lieu, la place publique en face du palais du roi, était
désigné. À mesure que l'heure approchait, le pays tout entier, à des kilomètres
à la ronde, était excité au plus haut point d'intérêt et d'attente.

L'entreprise se rassemble . Les combattants apparaissent.

A l'endroit où devait avoir lieu le combat , un vaste espace était entouré
d'une barricade très solide. La barricade était très solide, de manière à résister
le plus possible à la pression de la foule. Des sièges élevés, offrant une vue
complète sur la lice, comme on appelait la zone où se trouvait la rampe, furent
érigés à l'usage du roi et des nobles de la cour, et tous les autres préparatifs
nécessaires furent faits. Quand l'heure fut venue, le jour fixé, le roi et les
nobles arrivèrent en grande pompe et prirent place. Toute la place, à
l'exception des lices et des avenues d'approche que maintenaient ouvertes les
hommes d'armes, était depuis longtemps remplie d'une foule immense de
gens venus des environs. Enfin, après une brève période d'attente, le
challenger, Anneslie , fut aperçu par une des approches, monté sur un cheval

magnifiquement caparaçonné, et accompagné de plusieurs chevaliers et écuyers, ses amis, tous complètement armés.

Le cheval exclu.

Il s'arrêta lorsqu'il atteignit la balustrade et descendit de cheval. Il était contraire aux lois du combat que l'un ou l'autre parti entre en lice montée. Si un cheval pénétrait dans l' enceinte , il était confisqué par cet acte au profit d'un certain officier public appelé le haut connétable d'Angleterre, qui était responsable de la régularité et de l'ordre de la procédure.

Anneslie , après être ainsi descendu de cheval avec l'aide de ses serviteurs, entra en lice toute armée et équipée pour le combat. Ses écuyers l'accompagnaient. Il s'y promena quelques minutes, puis un héraut, sonnant de la trompette, fit comparaître l'accusé.

Convocation à l'accusé.

"Thomas Katrington ! Thomas Katrington !" s'écria-t-il d'une voix forte, "viens et apparaisse, pour sauver l'action pour laquelle Sir John Anneslie , chevalier, t'a publiquement et par écrit fait appel !"

Apparition de Katrington .

Trois fois le héraut proclama cette convocation. Katrington apparut pour la troisième fois .

Il vint, comme Anneslie était venue, monté sur un cheval de guerre magnifiquement caparaçonné et avec ses armes brodées sur les harnais. Il était accompagné de ses amis, représentants des seconds du duel moderne. Tous deux s'arrêtèrent à l'entrée de la lice, et descendirent de cheval et passèrent à pied dans la lice. Tout le monde étant maintenant concentré sur les combattants, le cheval fut momentanément lâché et, désireux de suivre son maître, il courut de long en large le long de la balustrade, tendant sa tête et son cou aussi loin qu'il le pouvait, et essayant surmonter. Enfin, il fut emmené et emmené ; mais le seigneur grand connétable dit aussitôt qu'il devait le réclamer pour être entré en lice.

La tête du cheval a été confisquée.

"Au moins," dit-il, "je réclamerai sa tête et son cou, et autant de lui qu'il y en avait par-dessus la balustrade."

Les plaidoiries.

Les combattants s'affrontaient désormais au sein de la lice. Un document écrit fut produit, qui avait été préparé, comme on l'a dit, du consentement des deux parties, contenant un exposé de l'accusation portée contre Katrington , à savoir celle de trahison, pour avoir trahi à l'ennemi contre de l'argent un château confié à son accusation, et sa réponse. Le héraut lut ce document à haute voix, afin que toute l'assemblée, ou le plus grand nombre possible, pût l'entendre. Dès sa lecture, Katrington a commencé à faire des exceptions à certains passages. Le duc de Lancastre, qui semblait présider la cérémonie, mit aussitôt fin à ses critiques, disant qu'il avait déjà accepté le papier, et que maintenant, s'il lui faisait quelque difficulté et refusait de se battre, il devrait être reconnu coupable de trahison et devrait être immédiatement conduit à l'exécution.

Katrington est prêt.

Katrington se dit alors prêt à combattre son antagoniste, non seulement sur les points soulevés dans le document qui avait été lu, mais sur tout autre point quel qu'il soit qui pourrait lui être imputé. Il avait toute confiance, disait-il, que la justice de sa cause lui assurerait la victoire.

Serment singulier prêté.

La suite de cette étrange cérémonie fut assez singulière. C'était l'administration solennelle d'un serment à chacun des combattants, par lequel ils juraient chacun que la cause pour laquelle ils devaient combattre était vraie et qu'ils ne pratiquaient aucune sorcellerie ou art magique par lequel ils s'attendaient à pouvoir combattre. remporter la victoire sur son adversaire ; et aussi, qu'ils n'avaient sur eux aucune herbe, aucune pierre, ou charme d'aucune sorte, par lequel ils espéraient obtenir un avantage.

Après que ce serment eut été prêté, les combattants eurent le temps de dire leurs prières. Ils accomplirent apparemment cette cérémonie avec beaucoup de piété, puis la bataille commença.

La bataille.

Les combattants combattaient d'abord avec des lances, puis avec des épées et enfin, de très près, avec des poignards. Anneslie semblait prendre l'avantage. Il réussit à désarmer Katrington l'une après l'autre de ses armes, et finalement le renversa. Lorsque Katrington fut à terre, Anneslie tenta de se jeter sur lui, afin de l'écraser avec le poids de sa lourde armure de fer. Mais il était épuisé par la chaleur et par l'effort qu'il avait fait, et la sueur qui coulait de son front sous son casque lui aveuglait les yeux, de sorte qu'il ne pouvait voir exactement où était Katrington , et, au lieu de tomber sur lui, il tomba par terre à peu de distance. Katrington réussit alors à se diriger vers Anneslie et à s'approcher de lui, le pressant ainsi au sol de son poids. Les combattants restèrent ainsi quelques minutes enfermés ensemble sur le sol, et luttant les uns contre les autres autant que le permettaient leurs armures lourdes et encombrantes, Katrington étant toujours au premier plan, lorsque le roi ordonna enfin que le combat cesse et que les hommes devraient être séparés.

Conformément à ces ordres, des hommes sont venus sauver Anneslie en lui enlevant Katrington . Mais Anneslie les supplia de ne pas intervenir. Et lorsque les hommes eurent enlevé Katrington , il les exhorta à le remettre sur lui comme il était auparavant, car il disait que lui-même n'était pas blessé du tout et qu'il ne doutait pas qu'il remporterait la victoire s'ils partaient. lui seul. Les hommes, cependant, ayant reçu l'ordre du roi pour ce qu'ils faisaient, ne prêtèrent aucune attention aux demandes d'Anneslie , mais entreprirent d'emmener Katrington .

de Katrington .

Ils ont constaté qu'il était si faible et épuisé qu'il ne pouvait plus se tenir debout. Ils l'ont conduit jusqu'à une chaise, puis, lui ôtant son casque, ils ont essayé de le réanimer en lui lavant le visage et en lui donnant du vin.

d'Anneslie au roi.

Pendant ce temps , Anneslie , constatant que Katrington avait été emmené, se laissa soulever. Une fois relevé, il se dirigea vers la partie de l' enceinte qui était proche du siège du roi, et pria le roi de permettre que le combat se poursuive. Il se dit sûr qu'il obtiendrait la victoire s'ils lui permettaient de continuer le combat jusqu'au bout. Finalement, le roi et les nobles donnèrent leur consentement et ordonnèrent qu'Anneslie soit replacée à terre, et Katrington sur lui, dans la même position, autant que possible, comme auparavant.

Mais en retournant à Katrington en vue d'exécuter ce décret, ils trouvèrent qu'il était dans un état tel qu'il en excluait la possibilité. Il s'était évanoui et était tombé de sa chaise dans un évanouissement mortel. Il ne semblait pas blessé, mais complètement épuisé par la chaleur, le poids de son armure et l'extrême violence de l'effort qu'il avait fait. Ses amis le relevèrent et commencèrent à déboucler et à enlever son armure. Soulagé de ce fardeau, il commença à reprendre ses esprits. Il ouvrit les yeux et regarda autour de lui, le fixant d'un air sauvage, ahuri et épouvantable, qui émut la pitié de tous les spectateurs, c'est-à-dire de tous sauf Anneslie . Lui, en quittant le roi, arriva là où le pauvre Katrington était assis et, plein de rage et de haine, commença à le narguer et à l'insulter, le traitant de traître et de faux méchant parjure, et le défiant de sortir à nouveau dans la région. et terminez le combat.

d'Anneslie .

À cela, Katrington ne répondit rien, mais regarda autour de lui d'un air fou, comme s'il ne savait pas où il était ni ce qu'ils lui faisaient.

La fin du procès.

La poursuite du combat fut donc abandonnée. Anneslie fut déclarée victorieuse, et le pauvre Katrington fut jugé coupable, par sa défaite, de la trahison qui lui avait été reprochée. Il fut emmené par ses amis et mis dans son lit. Il continua à délirer toute la nuit et le lendemain matin, à neuf heures, il mourut.

Ainsi ce combat fut-il mené, comme le dit l'historien antique, à la grande joie du peuple et au découragement des traîtres !

CHAPITRE III.

Adhésion du roi Henri.

Le roi Henri VI, qui devint plus tard l'époux de Marguerite d'Anjou, n'avait que neuf mois environ, comme nous l'avons déjà dit, lorsqu'il accéda au trône par la mort de son père. Il fut proclamé par les hérauts au son des trompettes et des tambours, dans tous les quartiers de Londres, alors qu'il était encore un enfant dans les bras de sa nourrice.

Ses oncles.

Bien sûr, la question était maintenant de savoir qui devrait diriger l'Angleterre tant qu'Henry resterait un enfant. Et cette question touchait surtout les oncles du petit roi, au nombre de trois, tous nobles grossiers, turbulents et puissants, tels qu'ils ont été brièvement décrits dans le dernier chapitre. Chacun d'eux avait une puissante bande de serviteurs et de partisans attachés à son service, et le royaume tout entier redoutait grandement les querelles dont chacun savait qu'elles allaient éclater.

L'aîné de ces oncles était Thomas. Il était duc d'Exeter.

Le deuxième était Jean. Il était duc de Bedford.

Le troisième était Humphrey. Il était duc de Gloucester. Thomas et Humphrey semblent avoir été en Angleterre au moment de la mort de leur frère le vieux roi. John, ou Bedford, comme on l'appelait communément, était en France, où il avait poursuivi une carrière très renommée et réussie, en étendant et en entretenant les conquêtes anglaises dans ce pays.

Division du pouvoir.

Les principaux nobles et officiers du gouvernement furent réunis en conseil peu après la mort du vieux roi, et afin d'empêcher l'éclatement des querelles qui auraient autrement dû être prévues entre ces oncles, ils décidèrent de diviser le pouvoir aussi près que possible. possible de manière égale entre eux. Ils nommèrent donc Thomas, duc d'Exeter, qui semble avoir été moins ambitieux et moins guerrier que les autres, à la charge et à la garde de la personne du jeune roi. Humphrey, duc de Gloucester, fut nommé protecteur de l'Angleterre, et Jean, duc de Bedford, régent de France. Ils étaient donc tous apparemment satisfaits.

Querelles. Beaufort et Gloucester.

Mais la paix qui résulta de cet arrangement ne dura pas très longtemps. Très vite, un certain Henry Beaufort, évêque, fut nommé pour être associé à l'oncle Thomas de Henry dans la charge personnelle du roi. Cet Henry Beaufort était le grand-oncle de Henry, étant l'un des fils de Jean de Gand. Il était le fils cadet de son père, il fut donc élevé dans l'Église et avait été nommé évêque de Winchester, puis cardinal. Ainsi , il occupait une position très élevée et possédait un degré de richesse, de pouvoir et de conséquence générale peu inférieur à ceux des plus grands nobles du pays. C'était aussi un homme de grande capacité, très habile à manœuvrer et à intriguer, et il commença immédiatement à se forger des projets ambitieux qu'il entendait mettre à exécution grâce au pouvoir que lui conférait la garde du jeune roi. Il était bien sûr très jaloux de l'influence et du pouvoir du duc de Gloucester, et le duc de Gloucester devint très jaloux de lui. Il ne fallut pas longtemps avant que des occasions ne tardent à amener les deux hommes et leurs bandes de partisans à une collision directe et ouverte.

Progression de la querelle.

Je ne peux pas ici entrer dans un compte rendu complet des détails de la querelle. Une des premières difficultés concernait la tour de Londres, que Beaufort avait sous ses ordres, et où se trouvait un prisonnier que Gloucester voulait mettre en liberté. Ensuite, il y eut une grande émeute et des troubles sur le pont de Londres, qui jetèrent toute la ville de Londres dans un état d'alarme. Beaufort a allégué que Gloucester avait formé un plan pour s'emparer de la personne du roi et l'éloigner de la garde de Beaufort ; et qu'il avait d'ailleurs des projets sur la vie de Beaufort. Pour se défendre et empêcher Gloucester de venir au palais où il résidait, il s'empara et fortifia les passages menant au pont. Il construisit des barricades, démonta les chaînes de la herse et rassembla une grande force armée pour garder la pointe. Les habitants de Londres étaient très alarmés. Ils montaient des veilles jour et nuit pour protéger leurs biens de la violence anticipée des soldats et des partisans des combattants, et ainsi tout n'était que tumulte et peur. Bien entendu, il n'existait pas de cours de justice assez puissantes pour contrôler une telle lutte, et finalement le peuple envoya une délégation auprès du duc de Bedford en France, le suppliant de venir immédiatement en Angleterre et de voir s'il ne pouvait pas régler la querelle. .

Bedford a été rappelé de France.

Le duc de Bedford est venu. Un Parlement fut convoqué, et les questions en litige entre les deux grands adversaires furent portées à un procès solennel. Le duc de Gloucester a formulé une série de lourdes accusations contre le cardinal, et le cardinal a fait une réponse formelle qui contenait non seulement sa défense, mais également des contre-accusations contre le duc. Ces documents ont été rédigés avec beaucoup de technicité et de cérémonie par les avocats employés de chaque partie pour gérer l'affaire, et ont été soumis au duc de Bedford et au Parlement. S'ensuivit une série de débats dans lesquels les amis des deux partis se portèrent respectivement des crimes et des récriminations sans fin. Le résultat fut, comme c'est l'habitude dans de tels cas, que les deux parties semblaient avoir été coupables, et pour régler le différend, une sorte de compromis fut conclu , dont les deux parties affirmèrent être satisfaites, et une réconciliation, ou quoi apparemment tel, a été fait. Un nouveau partage des pouvoirs et des prérogatives entre Gloucester, comme protecteur de l'Angleterre, et Beaufort, comme gardien du roi, fut établi, et la paix ainsi rétablie, Bedford retourna en France.

Mort de Bedford.

Les choses se passèrent assez bien par la suite pendant de nombreuses années ; c'est-à-dire qu'il n'y eut plus d'éclats ouverts, même si la vieille jalousie et la haine entre Gloucester et le cardinal persistaient. L'influence du duc de Bedford a tenu les deux partis sous contrôle aussi longtemps que le duc a vécu. Enfin, quand le jeune roi eut environ quatorze ans, le duc de Bedford mourut. Il se trouvait en France au moment de son décès. Il fut enterré en grande pompe et cérémonie dans la ville de Rouen, qui avait été en quelque sorte le siège de sa domination dans ce pays, et un splendide monument fut érigé sur son tombeau.

Anecdote.

On raconte une curieuse anecdote du roi de France à propos de ce tombeau. Quelque temps après la construction du tombeau, Rouen tomba aux mains des Français, et quelques personnes proposèrent de démolir le monument qui avait été élevé à la mémoire de leur vieil ennemi ; mais le roi de France n'écouta pas la proposition.

Générosité du roi de France.

« Quel honneur cela nous fera-t-il, dit-il, ou à vous, de démolir le monument, ou d'arracher de terre les ossements morts de celui qui, de son vivant, ni mon père ni vos géniteurs, avec toute leur puissance, leur influence et leurs amis, ont toujours pu faire fuir un pied en arrière, mais qui, par sa force, son esprit et sa politique, les a tous tenus à distance. C'est pourquoi je dis : laissez Dieu avoir son âme, et pour son corps, qu'il repose en paix là où ils l'ont déposé. »

Couronnement du jeune roi de France.

Lorsque le roi Henri fut en âge d'être couronné, en plus de la partie anglaise de la cérémonie, il se rendit en France pour recevoir également la couronne de ce pays. La cérémonie, comme il est d'usage chez les rois de France, a eu lieu dans la ville de Saint-Denis, près de Paris, où se trouve une ancienne chapelle royale, dans laquelle se sont déroulées toutes les grandes cérémonies religieuses liées à la monarchie française. Un récit très curieux est donné par les anciens chroniqueurs des spectacles et des cérémonies qui se déroulaient à cette occasion. Le roi se rendit en France et se rendit à Saint-Denis à la tête d'une grande cavalcade de chevaliers, de nobles et d'hommes d'armes, comptant plusieurs milliers d'hommes, tous ornés de robes et d'accessoires de la plus belle description. . A Saint-Denis, les autorités sortirent à la rencontre du roi, vêtues de robes vermillon et brandissant de splendides bannières. Le roi fut présenté, en franchissant les portes, « avec trois cœurs cramoisis, dans l'un desquels se trouvaient deux colombes ; dans l'autre, plusieurs petits oiseaux qu'on laissait voler au-dessus de sa tête ; tandis que le troisième était rempli de violettes et de fleurs ». , qui furent jetés sur les seigneurs qui le servaient et le suivaient.

Au même endroit parut également une compagnie des principaux dignitaires civiques de la ville, portant un magnifique dais de soie bleue, orné et brodé de la plus belle manière des emblèmes royaux. Ce dais, ils le tenaient au-dessus du roi alors qu'il avançait dans la ville.

De curieux concours.

Plus loin, là où il y avait un petit pont à traverser, il y avait un spectacle de trois sauvages se battant au sujet d'une femme dans une forêt mime. Les sauvages continuèrent à se battre jusqu'au passage du roi. Ensuite venait une fontaine où coulait du vin, dans laquelle nageaient des sirènes. Le vin de cette fontaine était gratuit pour tous ceux qui voulaient venir le boire.

Puis, plus loin encore, le groupe royal arriva à un endroit où une forêt artificielle avait été créée, par quelque moyen que ce soit, sur une grande place ouverte. Il y avait une course-poursuite dans cette forêt au moment où le roi passait. La course-poursuite consistait en un cerf vivant chassé par de vrais chiens. Le cerf vint se réfugier aux pieds du cheval du roi, et sa majesté sauva la vie du pauvre animal.

Le couronnement.

ainsi conduit à son palais. Plusieurs jours furent consacrés à des spectacles préliminaires et à des cérémonies comme celles-ci, puis le couronnement eut lieu dans l'église, le roi et son groupe étant stationnés sur une grande plate-forme élevée à cet effet dans la partie la plus visible de l'édifice.

1441. Le banquet.

Après le couronnement, il y eut un grand banquet au cours duquel le roi, avec ses seigneurs et ses grands officiers d'État, s'assit à une table de marbre dans une magnifique salle ancienne. Henry Beaufort, l'évêque de Winchester, était le personnage principal de toutes ces cérémonies au côté du roi. Gloucester était très jaloux de lui, à cause du rôle remarquable qu'il prenait dans ces démarches.

Henri VI. dans sa jeunesse.

Henry était assez jeune au moment de son couronnement. C'était un très joli garçon et son visage avait une expression douce et douce.

La Pénitence.

La vieille querelle reprit. La pénitence de la duchesse.

La querelle entre le duc de Gloucester et l'évêque fut, dans une certaine mesure, apaisée pendant cette période, en partie par l'influence du duc de Bedford pendant qu'il vivait, et en partie par l'esprit de Gloucester étant occupé dans une large mesure à d'autres choses. , notamment avec ses campagnes en France ; car il fut engagé, pendant la période de la minorité du roi, dans de nombreuses expéditions militaires importantes dans ce pays. Finalement, cependant, il revint en Angleterre, et là, alors que le roi avait environ vingt ans, la querelle entre lui et le parti de l'évêque éclata de nouveau. Mais le roi lui-même était maintenant assez âgé pour prendre part à une telle difficulté, et c'est pourquoi les deux côtés firent appel à lui. Gloucester rédigea une série de vingt-quatre articles de plainte contre l'évêque. L'évêque, de son côté, accusait le duc de trahison, et il accusait spécialement sa femme d'avoir tenté de détruire la vie du roi par la sorcellerie. La duchesse fut condamnée pour cette accusation, et on dit qu'en guise de pénitence, elle fut condamnée à marcher pieds nus dans la rue la plus publique de Londres, une bougie allumée à la main. D'autres personnes, accusées d'être complices de ce crime, ont été mises à mort.

La sorcellerie.

La sorcellerie qu'on disait que ces personnes pratiquaient consistait à fabriquer une image de cire du roi, puis, après l'avoir reliée à lui d'une manière mystérieuse et magique par certains charmes et incantations, la faire fondre peu à peu devant un feu lent, par quoi le roi lui-même, comme on le supposait, serait amené à dépérir et à dépérir, et enfin à mourir. À l'époque, tout le monde croyait que cela était possible.

Position du roi.

Bien sûr, de telles démarches ne faisaient qu'envenimer de plus en plus la querelle, et Gloucester devint plus résolu et plus déterminé que jamais à poursuivre ses intrigues visant à priver l'évêque de son influence et à prendre le pouvoir entre ses propres mains. Le roi, bien qu'il favorisât le cardinal, était si calme et si doux, et si peu disposé à prendre une part active à une telle querelle, que l'évêque ne put l'inciter à agir avec autant de décision qu'il le souhaitait. Il conçut donc finalement l'idée de trouver une princesse très intelligente et capable comme épouse du roi, dans l'espoir d'augmenter le pouvoir qu'il exerçait dans le royaume grâce à son influence sur elle.

Schéma formé par Beaufort.

La dame qu'il choisit à cet effet était Marguerite d'Anjou.

CHAPITRE IV.

Le père et la mère de Margaret.

1420. Provinces de France.

Autrefois, le territoire qui constitue aujourd'hui la France était divisé en un grand nombre de provinces distinctes, dont chacune formait presque un État ou un royaume distinct. Ces diverses provinces étaient la possession de seigneurs, de ducs et de barons, qui les gouvernaient respectivement, comme autant de petits rois, avec une influence presque absolue, bien qu'ils reconnaissaient tous une allégeance générale aux rois de France ou d'Angleterre. Les provinces les plus septentrionales appartenaient à l'Angleterre. Ceux de l'intérieur et du sud du pays étaient sous la domination de la France.

Des familles formidables.

Les grandes familles qui détenaient ces provinces comme leurs possessions les régnaient d'une manière très seigneuriale. Ils considéraient non seulement le territoire lui-même qu'ils possédaient, mais le droit d'en gouverner les habitants comme une espèce de propriété, qui était susceptible, comme tout autre domaine, de passer de parent en enfant par droit héréditaire, pour être transmise à un autre. propriétaire par traité ou par cession, pour être attribué à une épouse comme part de mariage, ou pour en disposer de toute autre manière que les seigneurs propriétaires pourraient préférer. Ces grandes familles tiraient leur nom des provinces sur lesquelles elles régnaient.

Anjou. Le roi René.

L'une de ces provinces était l'Anjou. [1] Le père de Marguerite, sujet de cette histoire, était un personnage célèbre nommé Régnier ou René, communément appelé le roi René. Il était le cadet de la famille qui régnait sur l'Anjou. C'est de cette circonstance que notre héroïne tire le nom par lequel on la désigne généralement : Marguerite d'Anjou. La raison pour laquelle son père s'appelait *le roi* René apparaîtra dans la suite.

Lorraine.

Une autre des provinces de France mentionnées ci-dessus était la Lorraine. La Lorraine était un pays vaste, beau et très précieux, situé vers l'est de la France. L'Anjou en était considérablement à l'ouest.

1429. Mariage de René avec Isabelle.

Le nom du duc de Lorraine à cette époque était Charles. Il avait une fille nommée Isabelle. Elle était l'héritière de tous les biens de son père. C'était une jeune dame d'une grande beauté, d'un grand esprit, d'une éducation très accomplie, selon les idées de l'époque. Lorsque René avait environ quatorze ans, un mariage fut arrangé entre lui et Isabella, qui n'avait alors que dix ans. Le mariage fut célébré en grande pompe, et le jeune couple alla résider dans un palais appelé Pont à Mousson, dans un grand château qui fut offert à Isabelle par son père comme cadeau de mariée au moment de son mariage. Ici, on espérait qu'ils vivraient jusqu'à la mort de son père, lorsqu'ils entreraient en possession de toute la province de Lorraine.

Naissance de Marguerite.

Au fil du temps, alors qu'ils vivaient dans ce château, René et Isabelle eurent plusieurs enfants. Margaret était la cinquième. Elle est née en 1429. Son anniversaire était le 23 mars.

Théophanie.

Le petit enfant fut confié à la garde d'une nourrice familiale nommée Théophanie. Théophanie était une domestique éprouvée et très fidèle. Elle fut successivement la nourrice de tous les enfants d'Isabelle, et la famille s'attacha tellement à elle qu'à sa mort, René fit élever un beau monument à sa mémoire. Ce monument contenait une image sculptée de Théophanie, avec deux des enfants dans ses bras.

1431.

Très peu de temps après sa naissance, Marguerite fut baptisée en grande pompe dans la cathédrale de Toul. Un grand nombre de proches de haut rang ont assisté et pris part à la cérémonie.

Antoine, l'oncle d'Isabelle. Conflit pour la possession de la Lorraine.

Quand enfin Charles, duc de Lorraine, le père d'Isabelle, mourut et que la province aurait dû revenir à Isabelle et René, apparut soudain un autre prétendant, qui pensait, non pas qu'il avait un meilleur droit à la province qu'Isabelle, mais qu'il avait plus de pouvoir qu'elle pour s'en emparer et le détenir, même avec toute l'aide que son mari René pouvait lui apporter. Ce prétendant était l'oncle d'Isabelle, le frère cadet du duc Charles qui venait de mourir. Son nom était Antoine de Vaudemonte ou, comme on l'exprimerait en anglais, Anthony of Vaudemont . Cet oncle, à la mort du père d'Isabelle, résolut de s'emparer du duché pour lui-même, au lieu de le laisser passer à Isabelle, l'héritière propre, qui, n'étant qu'une femme, était considérée avec très peu de respect. « La Lorraine, dit-il, était un fief trop noble et trop précieux pour descendre dans la famille du côté du fuseau.

donc ses partisans et ses serviteurs, organisa une armée et partit en campagne. Isabelle, de son côté, fit tout ce qui était en son pouvoir pour inciter la population du pays à épouser sa cause. René prend le commandement des forces levées en sa faveur et part à la rencontre d'Antoine. Isabelle elle-même, emmenant les enfants avec elle, se rendit à la ville de Nancy [2] — qui était alors, comme aujourd'hui, la principale ville de Lorraine, et par conséquent l'endroit le plus sûr pour elle — avec l'intention d'y attendre le résultat du conflit. . La petite Marguerite avait alors environ deux ans.

La bataille. René blessé et fait prisonnier.

La bataille eut lieu au lieu-dit Bulgneville , et la fortune de la guerre, semble-t-il, tourna dans ce cas contre la droite, car le parti de René fut entièrement vaincu, et lui-même fut blessé et fait prisonnier. Il combattit comme un lion, dit-on, tant qu'il resta indemne ; mais enfin il reçut une blessure désespérée au front, et le sang de cette blessure coula dans ses yeux et l'aveugla, de sorte qu'il ne pouvait plus faire ; et il fut aussitôt saisi par les hommes qui l'avaient blessé, et fait prisonnier. Celui qui le blessa et le captura ainsi était l'écuyer d'un certain chevalier qui avait épousé la cause d'Antoine, nommé le comte Saint-Pol.

La terreur et la détresse d'Isabella.

Cependant Isabelle était restée à Nancy avec les enfants, dans un état d'attente et d'anxiété extrême, attendant le résultat d' un conflit dont dépendait le sort de tout ce qui lui était précieux et cher. Enfin, à la fenêtre de la tour où elle attendait, avec la petite Marguerite dans ses bras, l'arrivée d'un héraut de son mari pour annoncer sa victoire, son cœur se serra pour voir, au lieu d'un messager de joie et triomphe, une foule brisée de fugitifs, essoufflés et couverts de poussière et de sang, surgissant tout à coup et montrant trop clairement par leur aspect de terreur et de détresse que tout était perdu. Isabelle fut submergée de consternation à cette vue. Elle serra étroitement la petite Margaret dans ses bras, s'écriant d'un ton d'agonie indescriptible : « Mon mari est tué ! mon mari est tué !

De lourdes nouvelles.

Sa détresse et son angoisse furent quelque peu apaisées par les fuyards qui lui assurèrent, à leur arrivée, que son mari était sain et sauf, bien qu'il ait été blessé et fait prisonnier.

Détresse de la mère de Margaret.

Sympathie pour Isabelle. Entretien d'Isabella avec son oncle.

Il y avait une grande sympathie pour Isabelle dans sa détresse de la part de tous les Nancéiens. Elle était très jeune et très belle. Ses enfants, et surtout Margaret, étaient également très beaux, ce qui augmentait considérablement la compassion que les gens étaient disposés à éprouver pour elle. La mère d'Isabelle était fortement encline à faire de nouveaux efforts pour lever une armée, afin de rencontrer et de combattre à nouveau Antoine ; mais Isabelle elle-même, qui était désormais plus soucieuse de la sécurité de son mari que du rétablissement de ses domaines, était disposée à suivre une voie conciliante. Elle fit donc dire à son oncle qu'elle désirait le voir et le pria de lui accorder une entrevue. Antoine accéda à sa demande et, lors de l'entretien, Isabelle supplia son oncle de faire la paix avec elle et de lui rendre son mari.

Négociations pour la paix.

Antoine dit qu'il n'était pas en son pouvoir de libérer René, car il l'avait confié à la garde du duc de Bourgogne, qui avait été son allié dans la guerre, et le duc l'avait emmené dans son château de Dijon, et l'enfermer là, et que maintenant il ne serait probablement pas disposé à l'abandonner sans le paiement d'une rançon. Il se dit cependant disposé à conclure une trêve de six mois avec Isabelle, afin de lui laisser le temps de voir quels arrangements pourraient être conclus.

Otages.

Cette trêve fut convenue, puis enfin, après une longue négociation, les termes de la paix furent conclus. René devait payer une grosse somme au duc de Bourgogne pour sa rançon, et, en attendant , pendant qu'il se procurait l'argent, il devait laisser ses deux fils entre les mains du duc comme otages, pour être retenus par le duc. comme sécurité. En ce qui concerne la Lorraine,

Antoine insista, comme autre condition de la paix, pour que la fille aînée d'Isabelle, Yolante , alors âgée d'environ neuf ans, soit fiancée à son fils Frédéric, afin de combiner, au moins dans la génération suivante, les les revendications contradictoires des deux parties sur la possession du territoire ; et, afin d'assurer l'accomplissement de cette condition, Yolante devait être livrée immédiatement à la charge et à la garde de la femme d'Antoine, la mère de son futur mari. Ainsi, tous les enfants d'Isabella lui furent retirés, à l'exception de Margaret. Et même Margaret, bien que laissée pour le moment avec sa mère, n'a pas échappé à être impliquée dans les enchevêtrements du traité. Antoine insista pour qu'elle aussi soit fiancée à un de ses partisans ; et, comme pour rendre le cas aussi douloureux et humiliant que possible pour René et Isabelle, la personne choisie pour être son futur mari était le même comte Saint-Pol dont l'écuyer avait abattu et capturé René à la bataille de Bulgneville .

Conditions de paix difficiles. René ne peut pas se procurer l'argent de sa rançon.

Ces conditions étaient très dures, mais Isabelle y consentit, car ce n'est qu'ainsi que tout espoir semblait s'ouvrir devant elle d'obtenir la libération de son mari. Et même cet espoir s'est finalement révélé illusoire. René constata que, malgré tous ses efforts, il ne parvenait pas à obtenir l'argent dont le duc avait besoin pour sa rançon. Aussi, pour sauver ses garçons, qu'il avait livrés au duc comme otages, fut-il obligé de retourner à Dijon et de se rendre de nouveau prisonnier. Sa séparation avec sa femme et ses enfants, avant de se retrouver une seconde fois dans un confinement dont ils ne voyaient plus la fin, fut déchirant. Même la petite Marguerite, qui était pourtant si jeune, se joignit par sympathie à la douleur générale et pleura amèrement lorsque son père s'éloigna.

Son long confinement.

Le duc enferma son captif dans une chambre haute d'une haute tour du château de Dijon, et l'y garda emprisonné pendant plusieurs années. L'un des garçons a été gardé avec lui, mais l'autre a été remis en liberté. Pendant tout ce temps, Margaret resta avec sa mère. C'était une enfant très belle et très intelligente, et elle était la grande préférée de tous ceux qui la connaissaient. L'intérêt éveillé par sa beauté et ses autres attraits personnels était grandement accru par la sympathie générale ressentie pour les malheurs de son père, ainsi que pour la solitude et la détresse de sa mère.

1436. Ses occupations et ses divertissements en prison.

Pendant ce temps , René, enfermé dans la tour du château de Dijon, se rendait aussi content qu'il pouvait et employait son temps à diverses occupations paisibles et ingénieuses. Bien qu'il ait bien combattu lors de la bataille contre Antoine, il n'était en fait pas du tout d'humeur guerrière. Il aimait beaucoup la musique, la poésie et la peinture ; et il occupa ses loisirs pendant sa détention à exécuter de belles miniatures et peintures sur verre, à la manière de cette époque. Certaines de ces peintures sont restées dans la vitrine d'une église de Dijon, où elles ont été placées peu après que René les ait peintes, pendant plusieurs centaines d'années.

Origine du titre royal de René.

Il a déjà été dit que le nom sous lequel le père de Marguerite est communément désigné est le roi René. L'origine de ce titre royal reste maintenant à expliquer. Il avait un frère aîné, qui devint par héritage, avec Joanna, son épouse, roi et reine des Deux- Siciles , c'est-à-dire du royaume composé de l'île de Sicile et du territoire relié à Naples sur le continent. Le frère, à la fin de sa vie, désigna René comme son héritier. Cela s'est produit en 1436, alors que René était encore en captivité au château de Dijon. Bien entendu, il ne pouvait rien faire lui-même pour faire valoir ses droits sur ce nouvel héritage, mais Isabelle prit immédiatement le titre de reine des Deux-Siciles . pour elle-même, et commença aussitôt à se préparer à se rendre en Italie et à prendre possession du royaume.

Isabelle et les enfants à Tarascon .

Tout en mûrissant ses projets, elle s'installe un temps au château de Tarascon , au bord du Rhône, avec les deux enfants qui restent sous sa garde, à savoir son fils Louis et Marguerite. Son autre fils était à Dijon avec son père, et l'autre fille, Yolante , avait été confiée, comme on l'a déjà dit, à la garde de la femme d'Antoine, en vue de se marier, dès qu'elle serait vieille. ça suffit, au fils d'Antoine.

Les enfants ont attiré beaucoup d'attention à Tarascon . Leur mère Isabelle était de naissance une dame de très haut rang, sa famille étant intimement liée à la famille royale de France. Elle aussi était désormais, du moins de par son titre, elle-même reine. Les enfants étaient très intelligents et beaux, et les malheurs et la cruelle captivité de leur père et de leur frère étaient connus et racontés dans tout le pays alentour. Les paysans et leurs familles se pressaient alors autour du château pour voir les enfants. Ils leur apportèrent des couronnes de fleurs et autres ex-voto. Ils chantaient des chansons pour leur faire une sérénade, et ils allumaient la nuit des feux de joie autour des murs du château, pour chasser l' infection de la peste, qui régnait alors dans certaines parties du pays et suscitait une inquiétude considérable.

Les sorcières et la peste.

Les gens du pays croyaient que ce fléau était produit par la magie et la sorcellerie, et il y avait de pauvres vieilles femmes qui venaient avec les autres paysans aux murs du château de Tarascon voir les enfants, qu'on croyait être des sorciers. Ensuite, la peste éclata à Tarascon et la mère de Marguerite fut obligée de s'en aller, emmenant les enfants avec elle. Les pauvres femmes furent cependant saisies et brûlées vives, car il était universellement admis que c'étaient elles qui avaient causé la peste.

Isabelle part en Italie.

Les dispositions d'Isabelle étaient maintenant si mûres qu'elle partit immédiatement en Italie avec les enfants et y installa sa demeure dans la ville de Capoue. René resta toujours en captivité, mais Isabelle le fit proclamer roi des Deux- Siciles en grande pompe et parade. Lors de cette cérémonie, les deux enfants, Margaret et son frère, étaient assis à côté de leur mère dans un grand carrosse tapissé de velours et brodé d'or, et ainsi ils étaient transportés à travers les rues de la ville. .

René est enfin libéré.

Au bout d'un certain temps, René fut libéré de sa détention et rendu à sa famille, mais il ne jouit pas longtemps de cet apparent retour de prospérité. Ses prétentions au royaume de Naples furent contestées et, après un conflit, il fut expulsé du pays. Entre -temps , les Anglais avaient tellement étendu leurs conquêtes en France que sa province natale d'Anjou et les héritages de sa femme en Lorraine étaient tombés entre leurs mains, de sorte qu'avec toute la distinction aristocratique de leur descendance et la grandeur de leurs titres royaux, la famille était maintenant, pour ainsi dire, sans maison ni foyer. Ils rentrèrent en France, et Isabelle, avec les enfants, trouva refuge de temps en temps chez l'une ou l'autre des grandes familles auxquelles elle était apparentée, tandis que René menait une vie errante, étant souvent réduit à un état de grand dénuement.

Son tempérament et son caractère. Le coin du feu du roi René.

Il supportait cependant ses malheurs avec un caractère très placide et s'amusait partout où il se trouvait à la musique, à la poésie et à la peinture. Il était si joyeux et si bon enfant qu'il se faisait un compagnon très agréable et était généralement le bienvenu comme visiteur partout où il allait. Il garda toute sa vie le nom de roi René, bien qu'il fût un roi sans royaume. Il fut autrefois réduit, dit-on, à une telle misère que, pour se réchauffer, il se promenait dans les rues de Marseille, du côté ensoleillé des immeubles, ce qui donna naissance à un proverbe longtemps connu et souvent répandu. cité dans ces passages, qui désignait le fait de sortir au soleil pour échapper au froid comme se réchauffer au coin du feu du roi René.

Telle était la famille dont était issue Marguerite d'Anjou.

CHAPITRE V.

COUR ROYALE.

1444. Les talents et les réalisations de Margaret. Offres de mariage.

Quand Margaret n'avait pas plus de quatorze ou quinze ans, elle commença à être très célèbre pour sa beauté et ses réalisations, ainsi que pour la charmante vivacité de sa conversation et de son attitude. Elle résidait avec sa mère dans différentes familles en Lorraine et dans d'autres régions de France, et se trouvait parfois à la cour de la reine de France, qui était sa proche parente. Tous ceux qui l'ont connue ont été charmés par elle. Elle était considérée tout aussi remarquable par ses talents que par sa beauté. L'arrangement qui avait été pris dans son enfance pour la marier au comte de Saint-Pol fut rompu, mais plusieurs autres offres furent faites à sa mère pour sa main, mais aucune d'elles ne fut acceptée. Isabella était très fière de sa fille et nourrissait de très hautes aspirations quant à son destin futur. Elle n'était donc pas du tout encline à se précipiter pour organiser son mariage.

État des choses en Angleterre. Le personnage d'Henry.

Pendant ce temps , la querelle entre les oncles et les parents du roi Henri, en Angleterre, telle que racontée dans un chapitre précédent, durait et atteignait maintenant son paroxysme. Les chefs des deux partis rivaux étaient, comme on s'en souvient, Henry Beaufort, évêque de Winchester, ou cardinal Beaufort, comme on l'appelait plus communément, qui avait eu la charge personnelle du roi pendant sa minorité, d'un côté, et de l'autre, le duc de Gloucester, oncle d'Henri, qui avait été régent d'Angleterre à la même époque. Le roi lui-même avait maintenant environ vingt-quatre ans, et s'il avait été un homme vigoureux et résolu, il aurait peut-être pu contrôler les adversaires en colère et, en prenant pleinement le gouvernement entre ses mains, les aurait forcés à vivre. ensemble en paix sous son autorité suprême. Mais Henry était un homme très timide et faible d'esprit. La turbulence et l'impétuosité de ses oncles et de leurs partisans dans leur querelle étaient tout à fait trop grandes pour qu'il puisse espérer exercer sur eux le moindre contrôle. En fait, la grande question pour eux était de savoir qui devait trouver les moyens d'exercer le plus grand contrôle sur *lui* .

Plans des courtisans.

Pour parvenir à ce but, les deux partis commencèrent très tôt à planifier et à manœuvrer en vue de choisir une épouse pour le roi. Celui des deux grands chefs qui parviendrait à négocier le mariage du roi, ils savaient bien que, par cet acte même, établirait son influence à la cour de la manière la plus absolue.

Princes et rois. Leurs projets matrimoniaux.

Les princes et les rois de cette époque, comme c'est d'ailleurs le cas dans une large mesure aujourd'hui, avaient à faire face à des difficultés particulières lors de la conclusion de leurs arrangements matrimoniaux, du moins en ce qui concernait l'indulgence des préférences personnelles qu'ils pouvaient eux-mêmes entretenir. sur le sujet. En effet, ces dispositions étaient généralement prises pour eux, alors qu'ils étaient trop jeunes pour avoir la moindre voix ou pour prendre part à la question, et il ne leur restait plus qu'à les ratifier et à les mettre en vigueur, lorsqu'ils atteignirent l'âge de la maturité. ce que leurs parents, ou les grands conseils d'État, avaient déterminé pour eux lorsqu'ils étaient enfants, ou bien de refuser de le ratifier et de le confirmer au prix de beaucoup de difficultés et d'enchevêtrements politiques, et peut-être même d'une guerre ouverte et redoutable.

Embarras. Difficulté à quitter le pays.

Et même dans les cas où le prince ou le roi parvenait à l'âge de juger par lui-même avant que des dispositions soient prises pour lui, ce qui était le cas pour Henri VI, il était encore très embarrassé et limité dans son choix s'il voulait ou non. a tenté de se choisir une épouse . Il ne pouvait pas visiter les cours étrangères et y voir les princesses, pour juger par lui-même qui lui plairait le mieux ; car à cette époque, il était très dangereux pour des personnages d'un rang ou d'une position considérable de visiter des pays étrangers, sauf à la tête d'une armée et dans une campagne militaire. Dans le cas également de tout monarque réellement régnant, il y avait une difficulté particulière à quitter son royaume, en raison des querelles et des querelles qui surgissaient toujours dans de tels cas lors de la prise des dispositions nécessaires pour le gouvernement du royaume. pendant son absence.

Miniatures. Situation du roi Henri.

Pour ces raisons et pour bien d'autres encore, un roi ou un prince désireux de choisir une épouse était obligé de se contenter des informations relatives aux différents candidats qu'il pouvait obtenir par ouï-dire sur leurs caractères, et à partir de miniatures et de portraits en ce qui concerne leurs personnages. leurs attirances personnelles. C'était notamment le cas du roi Henri VI. Chacun des deux grands partis, celui du cardinal de Beaufort d'une part, et celui du duc de Gloucester de l'autre, désiraient être le moyen de trouver une épouse au roi, et tous deux regardaient avec impatience dans toutes les directions, et comploter pour atteindre ce but, et toute tentative du roi de quitter le royaume pour quelque raison que ce soit aurait sans aucun doute amené ces partis immédiatement à ouvrir la guerre.

Plan du duc de Gloucester.

Le duc de Gloucester et ceux qui agissaient avec lui fixèrent leurs regards sur trois princesses d'une certaine grande famille, appelée maison d'Armagnac. Leur projet était d'ouvrir des négociations avec cette maison, et d'obtenir des portraits des trois princesses, qui seraient envoyés en Angleterre, afin qu'Henri pût faire son choix. Des commissaires ont été nommés pour gérer l'entreprise. Ils devaient ouvrir les négociations et obtenir les portraits. Le cardinal, bien sûr, et ses amis étaient très intéressés à empêcher le succès de ce plan, même s'il leur fallait évidemment être discrets et prudents lorsqu'ils manifestaient une opposition ouverte à ce projet dans le stade actuel de l'affaire. .

Les trois princesses d'Armagnac. Leurs portraits.

Le roi était très pointilleux dans les instructions qu'il donnait aux commissaires concernant les portraits, en vue d'assurer, si possible, des représentations parfaitement correctes et justes des originaux. Il souhaitait que les princesses ne soient pas du tout flattées par l'artiste dans sa représentation d'elles, et qu'elles ne soient pas habillées lors de leurs séances d'une manière inhabituellement élégante. Au contraire, ils devaient être peints « dans leurs jupes simples, et leurs visages comme vous le voyez, et leur stature, et leur beauté, et la couleur de leur peau, et leurs visages, tels qu'ils sont réellement ». L'artiste fut également chargé par les commissaires d'achever rapidement les tableaux et de les envoyer en Angleterre, afin que le roi puisse les voir le plus tôt possible et faire son choix entre les trois jeunes dames dont les « images » étaient être ainsi déposé devant lui.

Le plan échoue.

Ce projet, bien arrangé dans tous ses détails, visant à donner au roi l'occasion de choisir entre les trois princesses d'Armagnac, ne put être réalisé avec succès ; car le père de ces princesses, justement, était en même temps engagé dans quelques négociations avec le roi de France au sujet du mariage de ses filles, et il voulait maintenir les négociations avec Henri en suspens jusqu'à ce qu'il eût vérifié si il pouvait ou ne pouvait pas faire mieux dans ce domaine. Il imagina donc des moyens d'interrompre et de retarder le travail de l'artiste, afin de retarder pendant un certain temps l'achèvement des tableaux.

De quelle manière. Le plan du cardinal.

Pendant ce temps , tandis que le duc de Gloucester et son parti étaient ainsi occupés à faire avancer leur projet visant à inciter Henri à choisir l'une de ces trois princesses pour sa femme, le cardinal lui-même ne restait pas inactif. Il avait entendu parler de la belle et accomplie Marguerite d'Anjou, et après une enquête et une réflexion approfondies, il résolut dans son esprit d'en faire sa candidate à l'honneur d'être reine d'Angleterre. La manière dont il parvint à présenter le sujet en premier à l'attention du roi était la suivante.

Champchevrier.

Il y avait un certain homme, nommé Champchevrier , qui avait été fait prisonnier en Anjou au cours des guerres entre la France et l'Angleterre, et qui était maintenant retenu contre rançon par le chevalier qui l'avait capturé. Il n'a cependant pas été maintenu en détention étroite, mais a été autorisé à se déplacer en Angleterre sur parole, c'est-à-dire sur sa parole d'honneur qu'il ne s'échapperait pas et ne retournerait pas dans son pays natal jusqu'à ce que sa rançon soit payée. payé.

Champchevrier à la cour.

Or ce Champchevrier , bien que prisonnier, était un gentilhomme de naissance et d'éducation ; et pendant qu'il restait en Angleterre, détenu par sa libération conditionnelle, il fut admis dans la meilleure société de là-bas, et il comparut souvent à la cour et s'entretenait fréquemment avec le roi. Dans l'une de ces interviews, il décrit, en termes très élogieux, la beauté et l'intelligence remarquable de Marguerite d'Anjou. On suppose qu'il y fut incité par le cardinal Beaufort, qui connaissait sa connaissance de Marguerite, et qui organisa les entrevues entre Champchevrier et le roi, afin de donner au premier l'occasion de parler incidemment de la dame à Sa majesté. pour ainsi dire, et de manière à ne pas éveiller les soupçons du roi selon lequel les éloges d'elle qu'il entendait étaient motivés par des projets de mise en relation formés pour lui par ses courtisans.

Ses conversations avec le roi.

Si tel était le plan secret du cardinal, il réussit admirablement bien. La curiosité du roi fut fortement éveillée par les récits piquants que lui fit Champchevrier sur l'éclat de la beauté de la jeune Marguerite, sur sa vivacité et son esprit charmants.

Le roi souhaite une photo.

"J'aimerais beaucoup voir une photo de la jeune dame", dit le roi.

"Je pourrai facilement obtenir une photo d'elle pour Votre Majesté," répondit Champchevrier , "si Votre Majesté me charge d'aller à cet effet en Lorraine."

Champchevrier estimait qu'une commission du roi de se rendre en Lorraine pour affaires pour Sa Majesté serait pour lui une dispense suffisante des obligations de sa libération conditionnelle.

de Champchevrier.

Le roi donne finalement à Champchevrier l'autorisation nécessaire pour quitter le royaume. Champchevrier ne se contentait pas d'une simple permission verbale , mais exigeait du roi qu'il lui fournisse un sauf-conduit régulier, rédigé en bonne et due forme et signé du nom du roi. Ayant reçu ce document, Champchevrier quitta Londres et se mit en route, la nature et le but de l'expédition étant bien entendu gardés un profond secret.

Le comte de Suffolk.

Cependant un certain noble, nommé comte de Suffolk, fut admis à la confiance du roi dans cette affaire, et fut par lui associé à Champchevrier dans les dispositions qui devaient être prises pour exécuter le plan. Il semblerait qu'il ait accompagné Champchevrier dans son voyage en Lorraine, où Margaret résidait alors avec sa mère, et qu'il l'ait aidé à prendre les dispositions nécessaires à la peinture du tableau. Ils employèrent à cet effet l'un des premiers artistes de France. Les travaux terminés, Champchevrier repartit avec lui pour son retour en Angleterre.

Champchevrier en danger.

Pendant ce temps , le chevalier anglais dont Champchevrier était prisonnier apprit d'une manière ou d'une autre que son captif avait quitté l'Angleterre et était revenu en France, et cette nouvelle le mit extrêmement en colère. Il pensait que Champchevrier avait rompu sa libération conditionnelle et était rentré chez lui sans payer sa rançon. Un tel acte était considéré comme extrêmement déshonorant à cette époque et, en outre, il était considéré comme déshonorant non seulement de la part d'un prisonnier lui-même de rompre sa libération conditionnelle, mais également de la part de quiconque l'aidait ou l'encourageait à le faire, ou de l'héberger ou le protéger après sa fuite. Le chevalier décida donc qu'il communiquerait immédiatement avec le roi de France à ce sujet, lui expliquant les circonstances et lui demandant de réarrêter le prétendu fugitif et de le renvoyer.

Gloucester écrit au roi de France.

donc chez le duc de Gloucester, et, lui exposant le cas, demanda sa grâce d'écrire au roi de France, l'informant que Champchevrier avait échappé à sa libération conditionnelle, et lui demandant non de lui donner refuge, mais de saisir et renvoyez-le. Gloucester était tout à fait disposé à le faire. Il est probable qu'il savait que Champchevrier était un ami du cardinal , ou du moins qu'il était attaché à ses intérêts, et qu'il était tout à fait probable que son départ en France était lié à quelque complot ou plan par lequel le cardinal et son le parti devait en tirer un certain avantage. Il écrivit donc la lettre, et elle fut aussitôt envoyée au roi de France. Le roi de France à cette époque était Charles VII.

Champchevrier arrêté.

Le roi, en recevant la lettre, donna immédiatement l'ordre d' arrêter Champchevrier . Mais à cette époque, le tableau était terminé et Champchevrier était en route avec lui depuis la Lorraine vers l'Angleterre. Il fut intercepté au cours de son voyage, conduit à Vincennes, et là amené devant le roi Charles, et sommé de rendre compte de lui-même.

Toute l'histoire sort.

Bien entendu, il était désormais obligé de raconter toute l'histoire. Il a déclaré qu'il n'avait pas du tout rompu sa libération conditionnelle et qu'il n'avait pas l'intention de frauder de quelque manière que ce soit son ravisseur en Angleterre de la rançon qui lui était due, mais qu'il était venu en France *sur ordre du roi d'Angleterre* . Il expliqua aussi ce qu'il était venu chercher et montra à Charles le tableau qu'il rapportait au roi. Il prouva également, pour prouver la véracité de ses dires, le sauf-conduit que le roi Henri lui avait donné.

Le roi Charles rit de bon cœur en entendant cette explication, et en voyant avec quelle précision il avait découvert le secret des amours du roi Henri. Il était également très heureux de l'idée que le roi Henri s'attache à une dame si proche de la famille royale de France. Il pensait pouvoir faire de la négociation d'un tel mariage l'occasion de faire la paix avec l'Angleterre à des conditions favorables . Il renvoya donc Champchevrier sur-le-champ et lui recommanda de se rendre en Angleterre le plus tôt possible, et d'y faire tout ce qui était en son pouvoir pour inciter le roi Henri à choisir Marguerite pour sa reine.

Problèmes au tribunal.

Champchevrier retourna donc en Angleterre et rapporta le résultat de sa mission. Le roi fut très satisfait du tableau et il résolut immédiatement d'envoyer Champchevrier de nouveau en Lorraine pour une mission secrète auprès de la mère de Marguerite. Cependant, il résolut d'abord de libérer entièrement Champchevrier de sa libération conditionnelle et paya donc lui-même la rançon pour laquelle il avait été détenu. Le duc de Gloucester suivait tout cela d'un œil très jaloux. Lorsqu'il apprit que Champchevrier , à son retour en Angleterre, se présentait aussitôt à la cour du roi, et qu'il y tenait de fréquentes conférences pleines de mystère avec le roi et avec le cardinal, et qu'en outre il apprit que Le roi avait payé la rançon due au chevalier, et que Champchevrier allait être renvoyé de nouveau, il se douta aussitôt de ce qui se passait, et toute la cour fut bientôt dans un grand ferment d'excitation à l'égard du mariage proposé de le roi à Marguerite d'Anjou.

L'opposition de Gloucester. Margaret gagne la journée. Trêve proposée.

Le duc de Gloucester et son parti étaient, bien entendu, fortement opposés à Marguerite d'Anjou ; car ils savaient bien que, comme elle avait été portée à la connaissance du roi par l'autre parti, le fait qu'elle devienne reine d'Angleterre détruirait presque leurs espoirs et leurs attentes pour les temps à venir. L'autre partie s'est montrée résolument et vigoureusement en faveur du mariage. S'ensuivit une longue lutte, où il y eut des complots et des contre-complots d'un côté et de l'autre, et des manœuvres sans fin. Enfin , les amis de la belle petite Marguerite l'emportèrent ; et en 1444, des commissaires furent officiellement nommés par les gouvernements d'Angleterre et de France pour se réunir dans la ville de Tours à un jour spécifié, pour négocier une trêve entre les deux pays préparatoire à une paix permanente, dont la base et le ciment étaient de être le mariage du roi Henri avec Marguerite d'Anjou. La trêve fut conclue pour deux ans, afin de laisser tout le temps nécessaire pour régler tous les détails tant pour la paix entre les deux pays que pour les termes et conditions du mariage.

Opposition en Angleterre.

Dès que la nouvelle de cette trêve arriva en Angleterre, elle provoqua un grand émoi. Le duc de Gloucester et ceux qui, avec lui, étaient intéressés à empêcher la réalisation du mariage, formèrent un puissant parti politique pour s'y opposer. Ils ne s'opposèrent cependant pas ouvertement au mariage lui-même, estimant que ce n'était pas politique, mais dirigèrent leur hostilité principalement contre le projet de faire la paix avec la France juste au moment, disaient-ils, où la gloire des armes anglaises et les progrès de l'Angleterre la puissance anglaise dans ce pays était à son apogée. Il était très déshonorant pour les conseillers du roi, disaient-ils, de lui conseiller de s'arrêter net dans la carrière de conquête que poursuivaient ses armées, et de sacrifier ainsi les grands avantages qui étaient à sa portée pour le royaume d'Angleterre.

Discussions violentes. Le Suffolk est alarmé.

Les discussions et les dissensions qui s'élevèrent à la cour et au Parlement à ce sujet furent très violentes ; mais à la fin le cardinal Beaufort et son parti réussirent, et le roi nomma le comte de Suffolk ambassadeur extraordinaire auprès de la cour de France pour négocier les termes et conditions de la paix permanente qui devait être conclue entre les deux pays, ainsi que de le mariage du roi. Au début, le Suffolk était très réticent à entreprendre cette ambassade. Il craignait que, pour exécuter les vœux du roi, il ne soit obligé de faire à la France des concessions si importantes que, dans l'avenir, lorsque peut-être le parti du duc de Gloucester arriverait au pouvoir, il pourrait être tenu pour responsable. pour la mesure, et être jugé et condamné, peut-être, pour haute trahison, pour avoir été le moyen de sacrifier les intérêts et l'honneur du royaume en conseillant et en négociant une paix déshonorante.

Ces craintes étaient probablement accrues par l'intensité de l'excitation qu'il percevait dans le parti de Gloucester, et peut-être aussi par les menaces ouvertes et les manifestations qu'ils pouvaient avoir prononcées dans le but exprès de l'intimider.

Son sauf-conduit.

Quoi qu'il en soit, après avoir reçu cette nomination, son courage lui manqua, et il supplia le roi de l'excuser d'accomplir une mission aussi dangereuse. Mais le roi n'était pas du tout disposé à le faire. Finalement, il fut convenu que le roi donnerait au comte son ordre écrit, exécuté en bonne et due forme, et signé du grand sceau, lui ordonnant, sur l'autorité royale, d'entreprendre l'ambassade. Suffolk s'est appuyé sur ce document comme moyen de défense contre toute responsabilité légale pour son acte au cas où ses ennemis auraient à tout moment le pouvoir de le traduire en justice pour cela.

Diverses difficultés et objections.

En négociant la paix et en arrangeant les termes et conditions du mariage, de nombreuses difficultés se présentèrent, mais elles furent toutes finalement surmontées. L'une de ces difficultés fut faite par le roi René, le père de Marguerite. Il déclara qu'il ne pouvait consentir à donner sa fille en mariage au roi d'Angleterre à moins que le roi ne lui restitue d'abord, ainsi qu'à sa famille, la province d'Anjou, qui avait été la possession de ses ancêtres, mais que les armées du roi Henri avaient acquise. dépassé et conquis. Le comte de Suffolk était très peu disposé à céder ce territoire, car il savait très bien que rien ne serait si impopulaire en Angleterre, ni si susceptible d'accroître l'hostilité du peuple anglais à l'égard du mariage proposé, et par conséquent de donner une nouvelle vie et vigueur au parti de Gloucester dans son opposition, comme l'abandon d'un territoire que les troupes anglaises avaient conquis au prix de tant de batailles acharnées et du sacrifice de tant de vies. Mais René se montra inflexible, et le Suffolk finit par céder, et l'Anjou fut ainsi restitué à ses anciens possesseurs.

Le roi ne demande aucune dot.

Une autre objection que René fit, c'est que sa fortune n'était pas suffisante pour lui permettre de doter convenablement sa fille d'un si beau mariage ; n'ayant pas les moyens, dit-il, de l'envoyer d'une manière convenable en Angleterre.

Mais cela, selon le roi d'Angleterre, ne devrait faire aucune différence. Tout ce qu'il demandait, c'était la main de la princesse sans dot. Ses charmes personnels et ses capacités mentales étaient suffisants pour contrebalancer toutes les richesses du monde ; et si son père et sa mère royales l'accordaient au roi Henri comme épouse, il ne demanderait pas de recevoir avec elle « ni un sou ni un sou ».

Le roi a un rival. Les souhaits de Margaret.

Le roi Henri était d'autant plus désireux de clore les négociations pour le mariage le plus tôt possible et de consentir à presque toutes les conditions que le roi de France et René pourraient exiger, du fait qu'il y avait un jeune prince de la maison de Burgundy, un homme très courageux, beau et accompli, qui était également un prétendant à la main de Margaret et lui était très dévoué. Ce jeune prince était en France à cette époque, et prêt, à tout moment, à profiter de toute difficulté qui pourrait surgir dans les négociations avec Henri pour faire valoir ses prétentions et peut-être remporter la prise. Lequel des deux candidats Margaret elle-même aurait préféré, il n'y a aucun moyen de le savoir. Elle n'avait encore qu'une quinzaine d'années et était entièrement au pouvoir et à la disposition de son père et de sa mère. Et puis les intérêts politiques et familiaux qui étaient en jeu dans la décision de la question étaient trop vastes pour permettre de tenir largement compte des préférences personnelles de la jeune fille elle-même.

L'affaire fut finalement réglée.

Enfin _ tout fut arrangé, et Suffolk retourna en Angleterre, apportant avec lui le traité de paix et le contrat de mariage, qui devaient être ratifiés par le conseil du roi et par le Parlement. Une nouvelle lutte s'ensuit entre les partis de Gloucester et de Beaufort. Le roi, bien entendu, jeta toute son influence du côté du cardinal, et ainsi le traité et le contrat l'emportèrent. Les deux ont été ratifiés. Le comte de Suffolk, en récompense de ses services, fut nommé marquis et nommé mandataire du roi pour se rendre en France et épouser la mariée au nom du roi, selon la coutume habituelle dans le cas des mariages royaux.

CHAPITRE VI.

LES NOCES.

Préparatifs pour le mariage. Excitation.

Les préparatifs furent alors immédiatement faits pour célébrer le mariage et amener immédiatement la jeune reine en Angleterre. La cérémonie de mariage par laquelle une princesse étrangère était unie à un prince régnant, selon la coutume de ce temps, était double, ou plutôt il y avait deux cérémonies distinctes à accomplir, dans l'une desquelles la mariée, chez son père, cour, fut unie à son futur mari par procuration, et dans la seconde les noces furent célébrées de nouveau avec son mari lui-même en personne, après son arrivée dans son royaume. Suffolk, comme cela a été dit dans le chapitre précédent, fut désigné pour agir comme mandataire du roi dans cette affaire, pour l'accomplissement de la première de ces cérémonies. Il devait se rendre en France, épouser la mariée au nom du roi et la transporter en Angleterre. Bien entendu, une excitation universelle se répandit alors parmi toute la noblesse et parmi toutes les dames de la cour, réveillée par l'intérêt que toutes prenaient au mariage prochain et le désir qu'elles éprouvaient d'accompagner l'expédition.

Robes. Entreprise.

Un grand nombre de seigneurs et de dames commencèrent à se préparer à rejoindre Lord et Lady Suffolk. On ne parlait que de robes, d'équipements , de cadeaux, d'invitations, et tout le monde était occupé à rassembler et à emballer les provisions et les bagages pour un long voyage. Enfin l'heure fixée arriva, et l'expédition partit, et, après un voyage de plusieurs jours, les différents groupes qui la composaient arrivèrent à Nancy, la capitale de la Lorraine, où devait se dérouler la cérémonie.

Roi et Reine de France.

À peu près au même moment, le roi et la reine de France, accompagnés d'un grand concours de nobles et de gentilshommes de la cour de France, qui devaient honorer le mariage de leur présence, arrivèrent. On vit aussi un grand nombre d'autres chevaliers et dames, venus des provinces et des châteaux des pays environnants, venir en cavalcades gaies et splendides vers la ville, à l'approche du jour fixé, impatients d'assister à la cérémonie et de se joindre à la cérémonie. de magnifiques festivités dont ils savaient bien qu'elles seraient organisées pour commémorer et honorer l'occasion. En un mot, la ville entière devenait un brillant théâtre de gaieté, de vie et d'excitation.

La cérémonie du mariage est célébrée. La maison de la mariée.

La cérémonie du mariage eut lieu dans l' église, en grande pompe et en grande parade, et au milieu d'un vaste concours de peuple, composé de la plus haute noblesse de l'Europe, seigneurs et dames, et tous vêtus des costumes les plus magnifiques et les plus distingués. Aucun spectacle ne pourrait être plus splendide et plus gai . À la fin de la cérémonie, la mariée fut solennellement confiée à Lady Suffolk, qui devait être responsable de sa sécurité et de son bien-être jusqu'à ce qu'elle arrive en Angleterre et y soit livrée entre les mains de son mari. Lady Suffolk était une cousine du cardinal Beaufort, et elle reçut sans aucun doute cette nomination très élevée grâce à sa faveur. Cette nomination entraînait beaucoup de patronage et d'influence, car une maison régulière et élargie devait maintenant être organisée au service de la nouvelle reine, et bien sûr, parmi tous les seigneurs et dames venus d'Angleterre, il y avait une compétition très acharnée pour y obtenir des places. On compte parmi ceux qui furent nommés aux postes de service ou d'honneur de la reine, sous la marquise de Suffolk, cinq barons et baronnes, dix-sept chevaliers, soixante-cinq écuyers, et pas moins de cent soixante-quatorze valets. , en plus de nombreux autres serviteurs, tous sous-payés. En outre, le désir d'occuper une place reconnue dans la suite de la mariée était si grand qu'un grand nombre de personnes postulèrent à des nominations à des charges nominales pour lesquelles elles ne devaient recevoir aucune rémunération.

L'Express.

Si René, le père de Marguerite, avait possédé une fortune correspondant à son rang, les frais de tous ces arrangements, au moins jusqu'au départ des mariés, auraient été payés par lui ; mais en réalité, tout était payé par le roi Henri, et le montant précis de chaque dépense est enregistré dans certains vieux livres de comptes qui restent encore parmi les anciennes archives anglaises.

Tournoi. Les vainqueurs des jeux.

Les noces de la princesse furent célébrées par un tournoi et d'autres festivités qui duraient huit jours. Dans ces tournois, on livra un grand nombre de combats simulés, dans lesquels les personnages les plus élevés présents à l'occasion prirent un rôle remarquable et éminent. Le roi de France lui-même figurait en lice et combattait aux côtés de René, le père de la mariée. Le roi fut battu. Il aurait été impoli de la part de quiconque de vaincre le père de la mariée lors d'un tournoi organisé en l'honneur des noces de la fille. Le comte Saint-Pol, qui avait été autrefois fiancé à Marguerite, mais qui n'avait pas été autorisé à l'épouser, combattit également avec beaucoup de succès et remporta une récompense précieuse, qui lui fut décernée en grande cérémonie par les mains des deux plus grands. dames distinguées présentes, à savoir la reine de France et Isabelle de Lorraine, la mère de la mariée. Peut-être lui aussi fut-il poliment autorisé à remporter sa victoire et son prix honorifique, en échange de sa soumission si tranquille à la perte du prix réel que son grand concurrent, le roi d'Angleterre, lui emportait si triomphalement.

Incident romantique. Grande fugue. Les parents ont finalement été apaisés.

Les célébrations des huit jours furent interrompues et animées par un incident remarquable, qui menaça pour un temps de produire de très graves difficultés. On se souvient que lorsque le contrat et le traité primitifs furent conclus entre René et l'oncle d'Isabelle, Antoine de Vaudemonte , au moment où la paix fut rétablie entre eux, après la bataille dans laquelle René fut fait prisonnier, que non seulement fut-il convenu que Marguerite serait fiancée au comte Saint-Pol, mais aussi que Yolante , la sœur aînée de Marguerite, serait fiancée au fils d'Antoine, Ferry, comme on l'appelait. [3] Or Ferry ne semblait pas disposé à se soumettre tranquillement, comme l'avait fait Saint-Pol, à la perte de son épouse, et comme il n'avait jamais pu jusqu'ici amener René et Isabelle à respecter leur accord en consentant à la consommation de leur épouse. Après le mariage, il décida maintenant de prendre les choses en main. Il a donc élaboré un projet de fugue. Son plan était de profiter de l'excitation et de la confusion qui régnaient lors du tournoi pour enlever son épouse. Il organisa une bande de jeunes chevaliers aventureux qui étaient prêts à l'aider dans son entreprise et, élaborant ses plans secrètement et soigneusement, il, assisté de ses camarades, s'empara de la jeune femme et partit au galop avec elle vers un lieu sûr, dans l'intention de de la garder là sous sa propre garde jusqu'à ce que le roi René et sa mère consentent à son mariage immédiat. Le roi René, lorsqu'il apprit pour la première fois l'enlèvement de sa fille, fut très en colère et déclara qu'il ne pardonnerait jamais ni à Ferry ni à Yolante . Mais le roi et la reine de France intercèdent pour les amoureux et René finit par céder. Ferry et Yolante se marièrent et tous les partis redevinrent amis, après quoi les célébrations et les festivités reprirent avec plus d'esprit et d'ardeur qu'auparavant.

Margaret prend congé de ses amis.

Enfin arriva le moment de la conclusion des réjouissances publiques à Nancy et du début du voyage de Marguerite en Angleterre. Jusqu'à présent, bien que nominalement sous la garde de Lord et Lady Suffolk, Margaret avait bien sûr été en réalité très intimement associée à sa propre famille et à ses amis ; mais maintenant le moment était venu où elle devait prendre un dernier congé de son père et de sa mère, et de tous ceux qu'elle avait connus et aimés depuis son enfance, et être réellement et pleinement confiée à la confiance et à la garde d'étrangers, pour être prise par vers un pays lointain et étranger. La séparation a été très douloureuse. Il semble que la beauté de Margaret et la charmante vivacité de ses manières l'avaient rendue universellement aimée, et les cœurs non seulement de son père et de sa mère, mais de tout le cercle de ceux qui l'avaient connue, étaient remplis de douleur à l'idée de se séparer. avec elle pour toujours.

Départ du cortège.

Le roi et la reine de France, qui semblent avoir aimé leur nièce d'une affection sincère, résolurent de l'accompagner pendant une courte distance, alors qu'elle partait de Nancy. Bien entendu, de nombreux courtisans y allèrent également. Ceux-ci, ainsi que le grand nombre de nobles et de nobles anglais attachés au service de la mariée, formaient une si grande compagnie, et les robes, caparaçons et ornements qui étaient exposés à l' occasion étaient si splendides et si beaux, que la cavalcade , alors qu'il partait de la ville de Nancy le matin où le voyage devait commencer, formait l'une des processions nuptiales les plus gaies et les plus grandioses que le monde ait jamais vues.

Se séparer du roi et de la reine de France.

Après avoir parcouru cinq ou six milles, le cortège s'arrêta pour que le roi et la reine de France puissent prendre congé. Cette séparation remplit de chagrin le cœur de Leurs Majestés. Le roi serrait Margaret dans ses bras encore et encore lorsqu'il lui faisait ses adieux et lui disait qu'en la plaçant, comme il l'avait fait, sur l'un des plus grands trônes d'Europe, il lui semblait, après tout, qu'il avait vraiment je n'ai rien fait pour elle, "car même un tel trône n'est guère digne de toi, mon enfant chéri", dit-il. En disant cela, ses yeux se remplirent de larmes. La reine était tellement bouleversée par l'émotion qu'elle ne pouvait pas parler ; mais, embrassant Margaret encore et encore au milieu de ses sanglots et de ses larmes, elle finit par se détourner d'elle et fut emportée.

Les parents de Marguerite.

Le père et la mère de Marguerite ne prirent pas congé d'elle à cet endroit, mais continuèrent son voyage de deux jours, jusqu'à la ville de Bar le Duc, qui était près des frontières de la Lorraine. Ici, eux aussi prirent enfin congé, bien que leur cœur fût si plein, quand arriva le moment de la séparation définitive, qu'ils ne purent parler, mais dirent au revoir à leur enfant avec des larmes et des caresses, sans aucun mot d'adieu.

Les nouveaux amis de la mariée.

Pourtant, Margaret n'a pas été laissée entièrement seule parmi les étrangers lorsque son père et sa mère l'ont quittée. Un de ses frères et quelques autres amis devaient l'accompagner en Angleterre. Elle avait d'ailleurs fait à cette époque une bonne connaissance du marquis et de la marquise de Suffolk, sous la garde et la protection desquels elle voyageait maintenant, et elle s'était fortement attachée à eux. Ils étaient tous deux considérablement avancés dans la vie et avaient une attitude grave et calme, mais ils étaient très gentils et attentifs à Margaret à tous égards, et ils faisaient tous les efforts en leur pouvoir pour consoler le chagrin qu'elle ressentait en se séparant de ses parents. et ses amis, et quittant sa terre natale, et ils s'efforcèrent par tous les moyens de rendre le voyage aussi confortable et agréable que possible pour elle.

Le navire. Causes du retard.

Pendant tout ce temps, un navire envoyé d'Angleterre à cet effet attendait dans un certain port de la côte nord de la France appelé Kiddelaws , prêt à faire traverser la Manche à la reine et à son cortège nuptial. La distance de Nancy à ce port était très considérable , et les moyens et facilités de voyage dont on disposait à cette époque étaient si imparfaits qu'il fallait nécessairement consacrer beaucoup de temps au voyage. En outre, un long retard a été occasionné par le manque de fonds. Le roi Henri s'était engagé lui-même à défrayer toutes les dépenses du mariage, ainsi que du voyage des noces à travers la France jusqu'en Angleterre. Ces dépenses étaient nécessairement grandes, et il arrivait à cette époque que le roi se trouvait dans une situation très-embarrassée quant aux fonds. Il était aussi très embarrassé, dans les efforts qu'il faisait pour se procurer de l'argent, par les difficultés que lui jetait le parti du duc de Gloucester, qui résistait par tous les moyens en son pouvoir à toute action du Parlement tendant à fournir le trésor du roi avec de l'argent, et favoriser ainsi la réalisation finale du mariage.

Henry manque d'argent.

En raison de toutes ces difficultés et de tous ces retards, il fallut près de trois mois à partir du moment où la cérémonie nuptiale eut lieu à Nancy avant que Margaret soit prête à s'embarquer pour l'Angleterre sur le navire qui l'attendait à Kiddelaws .

Dépenses à engager en Angleterre.

Ce n'était pas seulement pour les frais du voyage à travers la France de Marguerite et de son train qu'Henri devait subvenir. À son arrivée en Angleterre, il devait y avoir une grande réception, qui nécessiterait de nombreux équipages coûteux et de nombreux divertissements. Ensuite, en outre, la cérémonie du mariage devait être célébrée à nouveau, et d'une manière beaucoup plus pompeuse et imposante qu'auparavant, et après le mariage, le couronnement, avec toutes les festivités et célébrations qui l'accompagnaient. Toutes ces choses impliquaient de grandes dépenses, et Marguerite ne pouvait entrer dans le royaume tant que les préparatifs n'étaient pas faits pour l'ensemble. Le roi fut réduit à une telle difficulté dans ses efforts pour réunir l'argent qu'il jugeait nécessaire pour bien recevoir son épouse, qu'il fut obligé de mettre en gage une grande partie des joyaux de la couronne, ainsi que de l'argenterie familiale et d'autres biens personnels. de ce genre. Une partie considérable des biens ainsi gagés n'a jamais été rachetée.

Traversée de la Manche. Mauvais temps.

Cependant, à la fin, les choses étaient si prêtes que les ordres arrivèrent pour le départ de l'expédition. Le groupe s'embarqua donc et le navire appareilla. Ils traversèrent la Manche, entrèrent dans le port de Portsmouth et débarquèrent finalement dans la ville de Porchester , située à l'entrée du port. Le voyage n'était pas très agréable. Le navire était petit et la Manche à cet endroit est large, et Margaret était si malade pendant le voyage et devint si complètement épuisée que lorsque le navire atteignit le port, elle ne put se tenir debout, et Suffolk la porta jusqu'au rivage dans son bras.

La réception de Margaret.

Le temps bruyant qui avait accompagné le groupe pendant leur voyage s'est accru jusqu'à se terminer par un terrible orage de tonnerre, d'éclairs et de pluie, qui a éclaté sur la ville de Porchester juste au moment où le groupe débarquait. Les gens, cependant, ne prêtèrent aucune attention à la tempête et à la pluie, et se précipitèrent en foule dans les rues où la mariée devait passer, et répandirent des joncs le long du chemin pour lui faire un tapis. Ils ont également rempli l'air de joyeuses acclamations au fur et à mesure du passage du cortège. De cette façon, la mariée royale fut transportée à travers la ville jusqu'à un couvent voisin, où elle devait se reposer pour la première nuit et se préparer à poursuivre son voyage vers Londres.

Passage à Southampton.

Le lendemain, le temps étant devenu calme et beau, il fut convenu que Margaret et son groupe seraient transportés de Porchester à Southampton le long du rivage sur des barges. L'eau de ce passage est douce, étant abritée partout par la terre. Les barges descendirent d'abord le port de Portsmouth, puis se dirigèrent vers ce qu'on appelle la mer du Solent, qui est une étendue d'eau étroite, abritée et magnifique, située entre l'île de Wight et la terre ferme, et de là, entrant dans l'eau de Southampton, elles J'ai parcouru une distance de huit ou dix milles jusqu'à la ville. [4]

La reine loge dans un couvent.

A l'arrivée de la reine à Southampton, elle fut de nouveau transportée dans un couvent voisin de la ville, car c'était avant l'époque des hôtels. Ici, elle fut accueillie par des personnes envoyées par le roi pour l'aider dans ses préparatifs ultérieurs en vue de sa comparution à sa cour. Entre autres mesures adoptées, l'une fut l'envoi d'un messager spécial à Londres pour amener une couturière anglaise à Southampton, afin que des robes convenables puissent être préparées pour la mariée, afin de lui permettre de paraître convenablement en présence des dames anglaises à les cérémonies qui approchent.

Le roi. Abbaye de Lichfield. Margaret est gravement malade.

Pendant ce temps , le roi Henri, que les règles de l'étiquette royale ne permettaient pas de rejoindre la reine jusqu'à ce que le moment soit venu de célébrer la seconde partie de la cérémonie nuptiale, descendit de Londres et s'installa à un hôtel de Londres. lieu éloigné de dix ou douze milles, appelé Southwick, où il avait un palais et un parc. Les noces devaient être célébrées dans une certaine abbaye appelée Lichfield Abbey, située à peu près à mi-chemin entre Southampton , où logeait la reine, et Southwick, lieu d'attente du roi. Le roi s'était attendu à ce que tout soit prêt en quelques jours, mais il allait se heurter à un nouveau retard. A peine Margaret était-elle arrivée à Southampton qu'elle fut atteinte d'une fièvre éruptive, ressemblant à la variole, qui jeta tous ses amis dans un état de grande inquiétude à son sujet. La maladie s'est cependant révélée moins grave qu'on ne l'avait d'abord craint, et au bout d'une semaine ou deux, le danger semblait écarté.

Pendant tout le temps où son épouse était ainsi malade, Henry resta dans un grand suspense et une grande anxiété à Southwick, se voyant interdire, par les règles rigides de l'étiquette royale, de la voir.

Récupération.

Enfin Marguerite se rétablit, et le jour fut fixé pour la célébration finale des noces. Le moment venu, Marguerite fut transportée en grande pompe et à la tête d'une splendide cavalcade à l'abbaye, et là la cérémonie de mariage fut de nouveau célébrée en présence d'un grand concours de seigneurs et de dames venus de Londres et Windsor, ou de leurs différents châteaux des environs, pour être présents à l'occasion.

Suffolk présentant Margaret au roi.

1445. La cérémonie finale.

Cette cérémonie finale eut lieu en avril 1445. Bien entendu, comme Marguerite était née en mars 1429, elle avait alors seize ans et un mois.

Étrange cadeau de mariée.

Parmi d'autres incidents curieux rapportés à propos de ce mariage, il y a le récit de Margaret qui reçut, en cadeau à cette occasion, un animal de compagnie, pour ainsi dire, tout comme de nos jours une jeune mariée pourrait recevoir un cadeau de un épagneul ou un canari, un lion. Il était très courant à cette époque que les riches nobles gardent de tels animaux dans leurs châteaux. Ils étaient enfermés dans des tanières construites à leur intention près des murs du château. Cependant les rois d'Angleterre gardaient leurs lions, lorsqu'ils en avaient, dans la Tour de Londres, et la pratique ainsi établie de garder les bêtes sauvages dans la Tour se maintint jusqu'à une époque très tardive ; de sorte que je me souviens avoir souvent lu, quand j'étais enfant, dans des livres d'histoires anglais, des récits d'enfants, lorsqu'ils allaient à Londres, emmenés par leurs parents voir les « lions dans la Tour ».

Le lion envoyé à la Tour.

Margaret a envoyé son lion à la Tour. Dans le livre des dépenses qui fut tenu pour ce fameux déroulement nuptial, on trouve le compte de la somme d'argent versée à deux hommes pour prendre soin de ce lion, le nourrir et le transporter à Londres. Le montant était de 2 5 *s.* 3j . , ce qui équivaut à environ dix ou douze dollars de notre argent. Cela semble très peu pour un tel service, mais il faut se rappeler que la valeur de l'argent était bien plus grande à cette époque qu'elle ne l'est aujourd'hui.

Immédiatement après que la cérémonie de mariage fut achevée, les préparatifs du voyage ayant été faits à l'avance, le roi et la reine partirent ensemble pour Londres, et il commença bientôt à paraître que cette partie du voyage devait être plus splendide et plus gaie que n'importe quelle autre partie du voyage. autre. Les habitants du pays, qui avaient entendu des histoires merveilleuses sur la jeunesse, la beauté et les premiers malheurs familiaux de la reine, affluaient en foule le long des routes pour l'apercevoir sur son passage et pour contempler le grand cortège de chevaliers. et les nobles qui l'accompagnaient, et d'admirer la magnificence des robes et des décorations qui étaient si abondamment exposées. Chacun venait portant une marguerite à son bonnet ou à sa boutonnière, car la marguerite était la fleur que Marguerite avait choisie pour emblème. Dans chaque ville où passait la mariée, elle était accueillie par des foules immenses qui se pressaient dans tous les lieux accessibles, remplissaient les fenêtres et, par endroits, couvraient les toits des maisons et le haut des murs, et l'accueillaient au son des des trompettes, des bannières agitées et des cris et acclamations prolongés.

Le duc de Gloucester. Ses projets. Son invitation à la reine.

Pendant ce temps , le duc de Gloucester, qui, avec son parti, avait fait tout ce qui était en son pouvoir pour s'opposer au mariage, constatant maintenant que c'était un fait accompli, et que toute nouvelle opposition serait non seulement inutile, mais il aurait seulement tendance à hâter et à achever sa propre chute, décidé à changer de cap et à se joindre de bon cœur à l'accueil général qui fut réservé à la mariée. Son plan était de persuader la reine que l'opposition qu'il avait faite aux mesures du roi Henri était dirigée uniquement contre la paix qui avait été faite avec la France, et à laquelle il s'était opposé pour des seules considérations politiques, mais que, en ce qui concerne le mariage avec Margaret était inquiète, il l'approuvait. Il se préparait donc à surpasser, si possible, tout le reste de la noblesse dans la magnificence de l'accueil qu'il lui réserverait à son arrivée à Londres. Il possédait un palais à Greenwich, sur la Tamise, à une courte distance au-dessous de Londres, et il envoya une invitation à Margaret pour y venir le dernier jour de son voyage, afin de se reposer et de se rafraîchir un peu en prévision de l'excitation et de la fatigue. d'entrer à Londres. Margaret accepta cette invitation, et lorsque le cortège nuptial commença à approcher, Gloucester sortit à sa rencontre à la tête d'une bande de cinq cents de ses propres serviteurs, tous vêtus de son uniforme et portant l'insigne de son service personnel. Ce grand défilé était destiné en partie à faire honneur à la mariée, et en partie à lui faire prendre conscience de son propre rang et de son importance en tant que noble d'Angleterre, et du danger qu'elle encourrait en faisant de lui son ennemi.

De très splendides préparatifs furent faits dans la ville de Londres pour rendre honneur à l'épouse royale lors de son passage dans la ville. On avait alors l'habitude d'exposer dans les rues, lors des grandes journées publiques, des tableaux et des représentations emblématiques ou dramatiques de certaines vérités ou sentiments moraux appropriés à l'occasion, et parfois de passages de l'histoire de l'Écriture. Un grand nombre de ces expositions ont été organisées par les citoyens de Londres, pour être vues par la mariée et le cortège nuptial alors qu'ils traversaient les rues. Certaines d'entre elles étaient très pittoresques et bizarres, et on ne ferait que se moquer de nos jours. Par exemple, à un endroit se trouvait un arrangement de deux personnages, l'un habillé pour représenter la justice et l'autre la paix ; et ces personnages étaient rendus mobiles et munis de ficelles, de sorte qu'au moment opportun, lorsque la reine passait, ils pouvaient être amenés à se rapprocher et apparemment à s'embrasser. Cela se voulait une expression du texte, la justice et la paix se sont embrassées, qui a été considéré comme un texte approprié pour caractériser et commémorer la paix entre l'Angleterre et la France que ce mariage avait scellée. Ailleurs, il y avait un spectacle emblématique représentant la paix et l'abondance. Il y avait aussi, en d'autres endroits, des représentations de l'arche de Noé, de la parabole des vierges sages et folles, de la Jérusalem céleste, et même une de la résurrection générale et du jour du jugement.

La reine passe par Londres.

Le matin du jour fixé pour l'entrée de la reine à Londres, les cortèges ayant tous été préparés et installés à leur place, une grande procession du maire, des échevins et d'autres dignitaires fut formée et descendit la rivière en direction de Greenwich. , afin de rencontrer la reine et de l'escorter à travers la ville. Ces officiers civiques étaient tous montés à cheval et vêtus de leurs gais costumes officiels. Les chefs étaient vêtus d'écarlate, et le corps de leurs partisans, disposés en bandes selon leurs métiers respectifs, portait des robes bleues , à manches brodées et à capuchons rouges. De cette façon, le cortège royal fut escorté sur le pont de Londres et à travers les rues principales de la ville jusqu'à Westminster, où la mariée fut enfin reçue en toute sécurité dans le palais de son mari.

Le couronnement. La reine partit se reposer.

C'était le 28 mai. Deux jours plus tard, Margaret fut couronnée reine à Westminster avec un grand défilé et une grande cérémonie. Le couronnement fut suivi d'un grand tournoi de trois jours, accompagné de banquets et autres festivités habituelles en de telles occasions, puis enfin la mariée eut la satisfaction de sentir que la longue cérémonie était terminée et qu'elle était maintenant être laissé au repos.

CHAPITRE VII.

Duc de Gloucester.

Malgré le grand accueil que le duc de Gloucester fit à Marguerite à son arrivée en Angleterre, elle savait bien qu'il avait toujours été opposé à son mariage, et qu'il n'avait pas manqué de faire tout ce qui était en son pouvoir pour l'empêcher. Elle le considérait donc comme son ennemi ; et bien qu'elle s'efforçât au début, au moins, de le traiter avec une politesse extérieure, elle éprouvait dans son cœur un secret ressentiment contre lui, et aurait été très heureuse de se joindre à ses ennemis politiques pour effectuer son renversement.

Le cardinal. L'affection de Margaret pour Lord et Lady Suffolk. Querelle.

Le cardinal Beaufort et le comte de Suffolk, comme on l'a déjà dit, étaient les rivaux et les ennemis de Gloucester. Le cardinal était un homme vénérable, maintenant très avancé en âge. Il était pourtant extrêmement ambitieux. Il était immensément riche et sa richesse lui donnait une grande influence. Il avait d'ailleurs été le gardien du roi pendant sa minorité, et à ce titre avait acquis une grande influence sur son esprit. Le comte de Suffolk, qui, avec sa dame, avait été envoyé en France pour amener Margaret, lui avait inspiré une grande amitié. Elle éprouvait une grande affection pour lui, ainsi que pour Lady Suffolk, non seulement en raison du rôle si important qu'ils avaient joué dans la promotion de son mariage, mais aussi en raison de la manière très gentille et attentionnée avec laquelle ils l'avaient traitée pendant le mariage. toute la période de son voyage. Ainsi, le cardinal et le Suffolk, d'une part, avaient l'avantage, dans leur querelle avec le duc de Gloucester, d'une grande influence personnelle sur le roi et la reine, tandis que Gloucester lui-même, d'autre part, jouissait à certains égards d'une influence encore plus grande. avantage dans sa popularité auprès de la masse du peuple. Tout le monde comprit que la vieille querelle entre ces grands personnages allait maintenant, à l'arrivée de la reine en Angleterre, se poursuivre avec plus de violence que jamais, et tous les courtisans étaient impatients de savoir lequel serait susceptible d'être le vainqueur, de sorte que , à la fin de la bataille, ils pourraient se retrouver du côté des vainqueurs.

Margaret est livrée à elle-même.

Dès que le couronnement fut terminé, les principaux personnages qui avaient été envoyés avec Marguerite par son père, dans le but de l'accompagner dans son voyage et de la voir convenablement et confortablement établie dans sa nouvelle maison, furent renvoyés et autorisés à partir. à leur retour. Ils reçurent tous des présents en argent du roi Henri pour leur rembourser les frais du voyage qu'ils avaient fait pour lui amener son épouse.

Portrait ancien de la reine Margaret.

Réparation des palais. Le manque d'argent du roi.

Margaret se retrouva ainsi livrée à elle-même dans le nouveau poste et la nouvelle sphère de devoirs auxquels elle avait été mutée. Tous les palais royaux avaient été aménagés exprès pour sa réception. Cela était en effet bien nécessaire, car plusieurs années s'étaient écoulées depuis qu'il n'y avait plus de reine en Angleterre, et toutes les résidences royales étaient devenues en très mauvais état. C'était une époque rude, et même les palais et les châteaux construits pour les rois et les reines n'étaient, au mieux, que des habitations très inconfortables. Mais lorsque, pendant une longue minorité, ils furent abandonnés aux locataires grossiers et aux usages grossiers auxquels ils étaient sûrs de se consacrer en de telles époques, ils finirent par ne valoir guère mieux que tant de casernes pour soldats. Il fallut beaucoup de temps, et non peu d'argent, pour préparer la tour et les palais de Westminster et de Richmond à la réception d'une jeune et belle reine et de la joyeuse compagnie de dames qui devaient l'accompagner. Le roi Henri était si dépourvu d'argent à cette époque qu'il lui était extrêmement difficile de trouver les moyens de payer les ouvriers. Il existe encore une pétition que le commis aux travaux envoya au roi, le priant de lui fournir plus d'argent pour payer les hommes, car le travail était si mal payé et les salaires étaient tellement en retard, qu'il Il lui était extrêmement difficile de trouver des hommes, dit-il, pour continuer le travail.

Cependant, les palais étaient enfin prêts avant l'arrivée de Marguerite. Il y avait des appartements pour elle dans la Tour, et il y avait aussi trois autres palais à Londres et dans les environs, dans lesquels elle pouvait résider à sa guise. En outre, le cardinal, qui, comme on l'a déjà remarqué, possédait une immense richesse, possédait, entre autres établissements, une belle demeure à Waltham Forest, à quelques kilomètres au nord de Londres. Le cardinal réserva dans cette maison une chambre d'apparat à l'usage exclusif de la reine lorsqu'elle venait lui rendre visite, et la fit aménager et meubler d'une manière magnifique pour elle. La draperie du lit était en drap d'or de Damas, et les autres meubles et accessoires devaient correspondre. La reine allait souvent rendre visite au cardinal dans cette maison de campagne. Elle devint bientôt très amoureuse de lui et disposée à se laisser guider par ses conseils dans presque tout ce qu'elle entreprenait. En effet, l'ascendant que le cardinal exerçait ainsi sur Marguerite augmentait considérablement son pouvoir sur le roi. Les affaires de la cour et du gouvernement étaient presque entièrement dirigées par ses conseillers. Le duc de Gloucester et les nobles de son parti s'indignèrent et se fâchèrent de plus en plus de cet état de choses. Le royaume d' Angleterre, disait- on , était tombé, à cause de la faiblesse et de l'imbécillité du roi, entre les mains d'un prêtre et d'une femme, une Française aussi.

De grosses erreurs sont souvent commises.

Mais ils ne pouvaient rien faire. Margaret était si jeune et si belle que tout le monde était captivé par sa personne et son comportement, et tout ce qu'elle faisait était considéré comme juste. En effet, la conduite générale qu'elle suivit à sa première arrivée en Angleterre *était* juste à un degré éminent. Il y a eu de nombreux cas dans lesquels de jeunes reines, en venant comme Marguerite, loin de leur pays natal et de tous leurs premiers amis, pour régner dans une cour étrangère, ont amené avec elles de chez elles des personnages distingués pour devenir leurs favoris et leurs amis. dans leur nouveau poste. Mais lorsque cela est fait, des jalousies et des rancunes surgissent toujours tôt ou tard entre ces parents et amis de la fiancée étrangère et les anciens conseillers indigènes du roi son époux. Le résultat est, en fin de compte, un parti du roi et un parti de la reine à la cour, et des querelles et des dissensions perpétuelles s'ensuivent, dans lesquelles au moins les habitants du pays sont sûrs de s'impliquer, à cause de leur jalousie naturelle à l'égard de l'influence étrangère, comme on l'appelle, présenté par la reine.

Les amis et conseillers de Margaret. Son bon sens. Exemple pour toutes les jeunes mariées.

La reine Marguerite eut le bon sens d' éviter ce danger. Toutes les principales personnes qui l'accompagnèrent en Angleterre, dans le but de l'accompagner dans son voyage et de rapporter à son père et à ses amis en France des assurances authentiques qu'elle avait été honorablement reçue par son mari comme son épouse et sa reine, étaient renvoyés et renvoyés chez eux immédiatement après le couronnement, comme nous l'avons déjà vu. Margaret ne conserva que certains domestiques et peut-être quelques deux ou trois amis privés et personnels. Quant aux conseillers et conseillers, elle se jeta aussitôt sur les ministres et conseillers du roi, le cardinal Beaufort, qui avait été son tuteur depuis l'enfance, et le comte de Suffolk, qui était un de ses principaux ministres et avait été envoyé par lui, en tant que mandataire et représentant, pour négocier le mariage et ramener la mariée à la maison. Elle fit également de Lady Suffolk, l'épouse du comte, son amie la plus intime. Elle la plaça à la première place d'honneur dans sa maison et lui témoigna par d'autres moyens une grande affection. Le bon sens et la discrétion dont elle fit preuve ainsi, si jeune qu'elle était, car elle n'avait pas encore dix-sept ans, en choisissant pour son amie de confiance une dame de l'âge et de la condition de Lady Suffolk, au lieu d'essayer de placer dans cette position quelque belle étrangère de son âge, qu'elle avait amené avec elle de son pays natal à cet effet, comme l'auraient fait de nombreuses jeunes épouses dans sa situation, mérite de nombreux éloges. En un mot, Marguerite, en devenant épouse, s'abandonna entièrement à son mari. Elle fit de ses amis ses amis, et de ses intérêts ses intérêts, et se transféra ainsi, entièrement et sans réserve, dans sa nouvelle position ; un exemple que toutes les jeunes filles dont le mariage les amène dans des circonstances et des relations entièrement nouvelles feraient bien de suivre. Rien n'est plus dangereux que de tenter, dans de tels cas, de faire venir sous quelque forme que ce soit des influences de l'ancien foyer en vue de partager le contrôle dans le nouveau.

Opinions en Angleterre.

En raison de la conduite discrète que Marguerite suivit ainsi, et de l'effet produit sur la cour par sa beauté, sa vivacité et ses nombreux accomplissements polis, l'opinion publique, c'est-à-dire l'opinion du monde extérieur, qui ne savait rien de ses desseins secrets ou de son caractère réel, tourna très peu de temps après son arrivée en Angleterre entièrement en sa faveur. Comme nous l'avons déjà dit, le sentiment général des nobles et du peuple était fortement opposé au mariage lorsqu'il fut proposé pour la première fois. Ils s'y opposèrent, non pas parce qu'ils avaient des objections personnelles à l'égard de Margaret elle-même, mais parce que, pour y préparer le terrain, il était nécessaire de faire la paix avec la France et, ce faisant, d'accorder certaines concessions qui, à leur avis, affaibliraient la situation. la puissance des Anglais sur le continent et, en tout cas, gênent grandement l'extension de leur puissance là-bas. Mais quand les gens venaient voir et connaître la reine, ils l'admiraient et l'aimaient tous.

Le personnage d'Henry. Le personnage de Marguerite.

Quant au roi, il était parfaitement enchanté de son épouse. Il était lui-même, comme on l'a déjà dit, d'un esprit très posé et tranquille ; aimable et doux de caractère; dévot, friand de retraite et intéressé uniquement par les occupations et les plaisirs compatibles avec une vie de tranquillité et de repos. Margaret était aussi différente que possible de tout cela. Ses charmes personnels brillants, son esprit, sa fougue, sa supériorité intellectuelle générale, le courage extraordinaire pour lequel elle devint plus tard si célèbre et qui commença à se manifester dès cette première période, tout cela se combina pour éveiller dans l'esprit d'Henry une profonde admiration pour sa femme, et lui donna sur lui un ascendant grand et rapidement croissant.

Sa popularité en Angleterre.

L'impression que Margaret fit sur le peuple fut également favorable. L'Angleterre, pensaient -ils , n'avait jamais vu de reine plus digne du trône que Marguerite d'Anjou. Quelqu'un disait d'elle qu'aucune femme ne l'égalait en beauté, et que peu d'hommes la surpassaient en courage et en énergie. Il semblait qu'elle était née pour fournir à son royal époux les qualités dont il avait besoin pour devenir un grand roi.

CHAPITRE VIII.

L'HISTOIRE DE LADY NEVILLE.

Intrigues. Une histoire romantique.

En lisant l'histoire de la monarchie anglaise dans ces premiers temps, vous entendrez souvent parler des *intrigues de cour* qui se mêlaient et parfois compliquaient grandement le mouvement des affaires publiques. Marguerite d'Anjou se trouva, à son arrivée en Angleterre, impliquée dans de nombreuses intrigues de ce type. En effet, elle était admirablement qualifiée, par sa sagacité et sa rapidité d'appréhension, et par le grand ascendant que ces qualités et d'autres qu'elle possédait, lui donnaient sur les esprits de tout son entourage, pour prendre une part très active et réussie à la gestion de manœuvres de toutes sortes. La nature de ces intrigues de cour est très bien illustrée par le récit que donne le plus célèbre des biographes de Margaret, dans lequel il dit que Margaret elle-même s'est impliquée alors qu'elle était en route de la France vers l'Angleterre. L'histoire ressemble beaucoup plus à une romance qu'à la réalité. En effet, il s'agit sans aucun doute d'un roman, mais il illustre néanmoins bien la manière dont les passions privées et les querelles personnelles et familiales des grands se sont mêlées, et parfois entièrement contrôlées, aux événements les plus importants de l'histoire nationale. il ne serait pas inutile de le raconter.

Dame Neville. Premier entretien. Dauphine.

Le premier lien que la reine Marguerite, comme nous devons désormais l'appeler, eut avec l'affaire de Lady Neville, eut lieu à Abbeville, ville de France non loin de Calais, lorsque la reine s'avançait vers la côte de la mer sur son bateau. chemin vers l'Angleterre. Tandis qu'elle était à Abbeville, apparut tout à coup une jeune et belle dame qui demanda audience à Marguerite, s'annonçant simplement comme une des dames qui avaient été attachées au service de la dauphinesse, qui était la femme du fils aîné de la princesse. roi, [5] et qui était récemment décédé. Elle a été admise. Elle resta deux heures en conversation privée avec Margaret, et lorsque cette mystérieuse entrevue fut terminée, elle fut présentée aux autres dames de la cour de Margaret sous le nom de Miss Sanders, une dame anglaise qui avait été attachée à la cour de la dauphine, mais qui maintenant, depuis la mort de sa maîtresse , souhaita retourner en Angleterre dans le train de Margaret. Margaret informa les autres dames qu'elle l'avait reçue dans sa maison et leur donna des instructions pour qu'elle soit traitée avec la plus grande considération.

Curiosité des dames. La réserve de l'étranger.

Les autres dames étaient très curieuses de résoudre le mystère de cette affaire, mais elles ne purent obtenir aucun indice . L'inconnue était très réservée, se mêlait très peu à ses nouveaux compagnons et manifestait un désir constant d'éviter les observations. Il y avait cependant quelque chose dans sa beauté et dans l'expression de douleur profonde et constante que portait son visage, qui en faisait un objet d'un grand intérêt pour toute la maison de la reine, mais ils ne purent apprendre aucun détail de son histoire. . Pourtant, les faits étaient les suivants.

Son histoire.

Son vrai nom était Anne Neville. Elle était la fille de Richard Neville, comte de Salisbury, l'un des nobles les plus importants et les plus influents d'Angleterre. Vers l'âge d'une quinzaine d'années, elle fut mariée à un parent de la famille. Cependant, le mariage s'est avéré très malheureux. Son mari était très jaloux d'elle. D'après sa conduite ultérieure, il semble probable qu'il aurait pu avoir de bonnes raisons de l'être. En tout cas, il était extrêmement jaloux ; et comme il était d'un caractère dur et cruel, il rendait sa jeune femme très malheureuse par les exactions et les privations qu'il lui imposait, et par les violentes invectives dont il l'assaillirait continuellement.

Son mariage malheureux.

L'inquiétude et les souffrances incessantes que ces troubles occasionnaient bientôt commencèrent à nuire à la santé de la dame, et enfin son père, remarquant qu'elle pâlissait et maigrissait, commença à s'enquérir de la cause. Il a vite compris à quel point la vie de sa fille était épouvantable. Comme la plupart des autres grands nobles de l'époque, il était un homme au caractère violent, et il résolut immédiatement de sauver sa fille du pouvoir de son mari, car il considérait son mari comme le parti principalement, sinon entièrement, à blâmer.

Son mariage s'est dissous. Prétexte. Son mariage annulé.

Il s'est assuré, ou a fait semblant de s'assurer, qu'il y avait eu quelques formalités liées au mariage. Sa fille était parente éloignée de son mari, et il y avait certaines démarches qu'il fallait faire dans de tels cas pour obtenir une dispense de l'Église, afin de légaliser un tel mariage. Ces mesures, selon lui, n'avaient pas été correctement prises, et il intenta immédiatement une action en annulation du mariage. Je ne sais pas s'il y avait vraiment un motif suffisant pour une telle annulation, ou s'il a obtenu le décret grâce à des influences que sa haute position lui permettait d'exercer sur la cour. Il a cependant atteint son objectif. Le mariage fut annulé et sa fille rentra chez elle ; et, pour effacer autant que possible toute trace de l'union malheureuse dans laquelle elle avait été entraînée, elle abandonna le nom qu'elle avait reçu de son mari et reprit son propre nom de jeune fille.

Elle commença bientôt à comparaître à la cour, où elle attira presque immédiatement une grande attention. En raison des circonstances particulières dans lesquelles elle se trouvait, elle jouissait de tous les privilèges d'une veuve, combinés avec l'attrait et les charmes d'une jolie fille. Presque tout le monde était prêt à tomber amoureux d'elle.

Ses admirateurs.

Parmi ses autres admirateurs se trouvait le duc de Somerset. C'était un homme de haut rang et de grandes réalisations, mais il était marié et il ne pouvait donc pas innocemment faire d'elle l'objet de son amour. Cette considération ne le rebuta cependant pas, et il réussit bientôt à faire une forte impression sur le cœur de Lady Neville. Ils trouvèrent bientôt les moyens de se rencontrer en privé, recourant à toutes sortes de manœuvres et d'inventions pour les aider à cacher leur attachement coupable l'un à l'autre à la connaissance de leur entourage.

Le duc de Gloucester.

Entre- temps , le duc de Gloucester lui-même, qui était pourtant maintenant considérablement avancé dans la vie, perdit sa femme, elle mourant à cette époque, et il conçut presque immédiatement l'idée de faire de Lady Neville son successeur. Il ne jugea pas convenable de dire quoi que ce soit à Lady Neville elle-même à ce sujet avant qu'un certain temps ne se soit écoulé, mais il en parla à son père, le comte de Salisbury, qui approuva volontiers le plan. Gloucester était alors premier ministre d'Angleterre, et la dame qu'il choisirait pour épouse serait élevée par son mariage au plus haut sommet de la grandeur. Bien entendu, l'importance et l'influence de son père aussi, ainsi que de tous les membres de sa famille, seraient grandement accrues par une alliance aussi splendide.

Magnifique perspective.

donc convenu que le mariage aurait lieu, mais que l'arrangement devait rester secret, non seulement du public, mais de la future épouse elle-même, jusqu'à ce qu'un temps convenable se soit écoulé pour que le veuf se remette du chagrin que le la mort de son ex-épouse était censée l'avoir provoqué.

Déclaration de Gloucester.

Enfin, lorsque le temps convenable du deuil fut expiré, Gloucester fit sa déclaration d'amour. Lady Neville l'écoutait, pensant tout le temps à ce que Somerset dirait lorsqu'elle viendrait lui annoncer la nouvelle. Elle le lui a communiqué à la première occasion.

Perplexité de Lady Neville.

Grandes étaient la détresse et la perplexité qu'éprouvèrent les amants en se consultant et en déterminant ce qu'il fallait faire dans une telle urgence. Ils ne pouvaient supporter l'idée d'une séparation. Ils ne pouvaient pas être mariés l'un à l'autre, car Somerset était déjà marié. Pour Lady Neville, rester célibataire toute sa vie afin d'être libre de se livrer à une passion coupable était une idée à ne pas envisager. Ils savaient aussi que leurs relations actuelles ne pourraient pas se poursuivre longtemps. Mille circonstances peuvent arriver à tout moment pour l'interrompre ou pour y mettre fin, et il ne saurait en tout cas tarder longtemps avant qu'il doive prendre fin. Il fut donc convenu entre eux que Lady Neville accéderait à la proposition du grand ministre et deviendrait son épouse. En attendant , jusqu'à ce que le moment de la consommation du mariage arrivât, ils renouvelleraient et redoubleraient leur intimité l'un avec l'autre, prenant cependant toutes les précautions possibles pour cacher leurs mouvements aux yeux des autres.

donc acceptée, et il fut bientôt fait savoir à toute la cour que Lady Neville était sa fiancée.

Le duc devient inquiet.

Jusqu'à présent, Lady Neville avait traité le duc avec beaucoup de réserve lors de ses relations accidentelles avec lui lors des réunions de la cour, mais maintenant, puisqu'il était son amant accepté, il pensait qu'il pouvait raisonnablement s'attendre à un plus grand degré de cordialité dans son attitude envers lui. . Mais il n'a trouvé aucun changement. Elle a continué aussi formelle et réservée que jamais. D'ailleurs, lorsqu'il lui rendait visite, ce qu'il faisait parfois plusieurs fois par jour, elle n'était très souvent pas là, beaucoup trop souvent, pensait-il. Il se rendit à l'endroit où ses domestiques disaient qu'elle s'était rendue dans de tels cas, mais elle était très rare. Il parvint bientôt à la conclusion qu'il y avait quelque étrange mystère impliqué dans cette affaire, et il résolut d'adopter des mesures efficaces pour le résoudre.

Ses espions.

donc certaines personnes de confiance qui étaient à son service pour surveiller et voir où allait Lady Neville et comment elle passait son temps pendant ces absences inexplicables de la maison. Cette surveillance se poursuivit pendant plusieurs jours, mais aucune découverte ne fut faite. Les espions rapportèrent qu'ils ne pouvaient pas suivre la trace de la dame. Malgré tous leurs efforts, elle parvenait à leur échapper, et pendant plusieurs heures chaque jour, ils la perdaient complètement de vue. Ils en virent cependant suffisamment pour se convaincre que quelque chose n'allait pas. Ce dont il s'agissait, cependant, ils ne purent le découvrir, tant les précautions que Somerset et Lady Neville avaient prises pour empêcher leur détection étaient astucieuses et complètes.

Découvertes. La perplexité du duc. Son mode de raisonnement.

Le duc de Gloucester fut pendant un certain temps très perplexe quant à savoir quoi faire, soit se quereller ouvertement avec Lady Neville et refuser de consommer le mariage, soit bannir ses soupçons et la prendre pour épouse. Son amour pour elle a finalement triomphé et il a décidé de procéder au mariage. Il n'avait aucune preuve positive contre elle, se disait-il, et puis, d'ailleurs, même s'il y avait de sa part quelque attachement secret pour expliquer ces apparitions mystérieuses, elle pourrait après tout, une fois mariée avec lui, le faire une épouse fidèle et affectueuse. Certains restes d'une ancienne affection doivent souvent nécessairement demeurer, pensait-il, dans le cœur d'une mariée, même lorsqu'elle se donne véritablement et honnêtement à celle sur qui son choix est finalement fait. Cela est particulièrement vrai dans les cas où la femme est jeune, accomplie et charmante, tandis que son mari ne peut offrir que la richesse ou une position élevée au lieu de la jeunesse et des attraits personnels comme moyen de gagner sa faveur.

La décision.

donc décidé que le mariage aurait lieu et le jour du mariage fut fixé.

Rencontre clandestine des amoureux. Village sur la Tamise.

Lorsque l'heure du mariage approcha et que les amants découvrirent que la période de leurs jouissances touchait à sa fin, ils décidèrent de se faire une entrevue d'adieu la veille du mariage, et afin d'être à l'abri d'une interruption. , il fut convenu qu'ils passeraient la journée ensemble dans un village au bord de la Tamise, à peu de distance de Londres.

Le jour venu, Lady Neville quitta sa maison pour se rendre au lieu de rendez-vous. Elle fut suivie par les espions de Gloucester. Elle fut reçue au village par Somerset. Somerset était cependant tellement déguisé que les espions ne savaient pas et ne pouvaient pas découvrir qui il était. Ils furent cependant convaincus, d'après son attitude envers Lady Neville, qu'il était son amant, et ils rapportèrent immédiatement les faits à Gloucester à Londres.

Plans pour son retour.

Gloucester était évidemment très en colère. Il jura de se venger terriblement de Lady Neville elle-même et de son amant, quel qu'il soit. Il arma aussitôt une troupe de ses partisans et partit à leur tête, guidé par l'un des espions, jusqu'au village de rendez-vous. Il faisait nuit avant son arrivée. Quelques paysans auprès desquels il s'est renseigné lui ont appris qu'une dame répondant au signalement qu'il leur avait fait était montée à bord du bateau pour retourner à Londres quelque temps auparavant. Gloucester se retourna immédiatement et retourna en toute hâte à Londres, dans l'espoir d'atteindre le débarcadère avant l'arrivée du bateau, avec la pleine détermination de tuer la dame elle-même et son amant au moment où ils toucheraient le rivage.

Gloucester s'est trompé.

Il se trompait cependant en supposant que l'amant, quel qu'il soit, était avec la dame. Somerset, dans l'excès de ses précautions, était revenu à Londres par terre, laissant Lady Neville revenir seule dans le bateau avec les autres passagers ; car le bateau était une sorte de paquet qui faisait régulièrement la navette entre le village et Londres. Il avait cependant posté des personnes de confiance non loin du débarcadère à Londres, qui devaient recevoir Lady Neville à son arrivée et la reconduire chez elle.

Le bateau arrive.

Gloucester est arrivé au débarcadère avant que le bateau n'atteigne le rivage. Il faisait pourtant si sombre maintenant qu'il désespérait de pouvoir reconnaître les personnes qu'il poursuivait, surtout sous le déguisement qu'il ne doutait pas qu'elles porteraient. Alors, dans l'insouciance de sa rage, il résolut de tuer tous ceux qui se trouvaient dans le bateau et d'assurer ainsi sa vengeance.

Assaut sur le bateau.

En conséquence, au moment où le bateau toucha le rivage, lui et ses partisans se précipitèrent à bord, et une terrible scène de consternation et de terreur s'ensuivit. Gloucester lui-même se dirigea droit vers la silhouette d'une dame dont l'air, les manières et le style vestimentaire indiquaient, autant qu'il pouvait les discerner dans l'obscurité, qu'elle était probablement l'objet de sa fureur. Il lui enfonça son poignard dans la poitrine. Elle, terrorisée, se jeta dans la rivière. Elle était soutenue par sa robe et flottait le long du ruisseau.

Des bateliers assassinés.

Pendant ce temps , l'œuvre d'assassinat à bord du bateau se poursuivait. Le duc et ses hommes continuèrent à poignarder et à abattre tout autour d'eux, jusqu'à ce que les passagers et les bateliers soient tous tués. Les corps furent ensuite tous jetés à la rivière, des pierres leur ayant été préalablement attachées pour les faire couler.

Des pleurs.

Les habitants des maisons du quartier, au bord de la rivière, entendaient les cris et relevaient un instant la tête de leur oreiller, ou s'arrêtaient en marchant dans les rues silencieuses pour écouter. Mais les cris furent bientôt réprimés, car le massacre ne dura que quelques instants, et de tels bruits étaient bien trop courants à cette époque dans les rues de Londres, et surtout sur le fleuve, pour attirer beaucoup d'attention.

Le bateau a coulé.

Le bateau était bien entendu couvert de sang. Le duc ordonna à ses hommes de l'emmener au milieu de la rivière et de le couler, ce qui était le moyen le plus simple et le plus rapide de dissimuler toutes les traces et preuves du crime.

Gloucester.

L'auteur qui raconte cette histoire dit que la raison pour laquelle Gloucester souhaitait que son action dans cette transaction soit cachée n'était pas qu'il craignait une quelconque punition, car les lois de l'époque étaient totalement impuissantes à punir des actes de violence comme celui-ci, commis par des hommes de Gloucester. rang et station. Il pensait seulement que si l'on savait qu'il avait ainsi assassiné tant d'innocents, dans le seul but d'être sûr de tuer un objet de sa propre jalousie et de sa haine privée, cela nuirait à sa popularité !

Évasion de Lady Neville.

Pendant ce temps , Lady Neville, car c'était en réalité Lady Neville que Gloucester avait poignardée et qui avait sauté dans la rivière, flottait sur le courant, soutenue par sa robe, qui était confectionnée selon la mode du temps. , de manière à lui donner une grande flottabilité dans l'eau, au moyen des cerceaux avec lesquels les manches de la robe étaient distendues, et aussi de la forme de la coiffure, qui était très grande et légère, et bien adaptée à servir de flotteur pour empêcher la tête de couler.

Costume féminin au temps d'Henri VI.

Elle flotta ainsi sur la rivière jusqu'à ce qu'elle ait dépassé le pont de Londres, entraînée par le courant sous l'une des arches . En sortant du pont, elle arriva à la partie de la rivière où étaient amarrés les navires et autres navires qui descendaient la rivière. Il arriva que, parmi d'autres navires ancrés dans le fleuve, il y en avait un qui se dirigeait vers la Normandie. Le capitaine de ce navire était à terre, mais il descendait maintenant dans son bateau pour remonter à bord. Comme le capitaine regardait l'eau à la lueur d'une lanterne qu'il tenait à la main, pour discerner le chemin de son navire, il aperçut flotter à peu de distance de lui quelque chose qui ressemblait à un vêtement de femme. Il a poussé le bateau à avancer dans cette direction. Il réussit, avec beaucoup de difficulté, une fois arrivé sur place, à faire monter à bord de son bateau la forme désormais presque sans vie de Lady Neville, puis à ramer aussi vite que possible jusqu'au navire.

Reçu à bord d'un navire. Sa détermination.

Ici, tout fut fait pour rendre la vie à la noyée. Elle reprit bientôt ses esprits et regarda autour d'elle, folle d'excitation et de terreur. Elle eut cependant la présence d'esprit de ne pas dire un mot qui pût trahir son secret, quoique sa tenue, son air et ses manières convainquirent le capitaine qu'elle n'était pas une personne ordinaire. La blessure a été examinée et jugée sans gravité. Elle avait été protégée par quelques parties de sa robe qui détournaient le poignard. Lorsqu'elle constata que le danger immédiat était passé , elle devint plus calme et commença à s'enquérir des personnes et des scènes qui l'entouraient. Lorsqu'elle apprit que le navire qui l'avait reçue était destiné à la Normandie, elle résolut de s'enfuir vers ce pays ; elle trouva donc des moyens pour inciter le capitaine à la cacher à bord jusqu'à ce que le moment soit venu de mettre à la voile, puis à l'emmener avec lui sur le fleuve et à travers la Manche.

Elle est reçue par la dauphine.

A son arrivée en France , elle se rendit aussitôt à la cour de la dauphine, qui, étant princesse anglaise, était disposée à avoir compassion d'elle et à la recevoir avec bonté. Elle resta à cette cour, comme nous l'avons vu, sous le nom d'emprunt de Miss Sanders, jusqu'à la mort de la dauphine. Elle fut ainsi subitement privée de son protecteur en France, mais presque en même temps le mariage de Marguerite d'Anjou semblait lui ouvrir les moyens de retourner en Angleterre.

Tant que le duc de Gloucester vivait et conservait son pouvoir, elle savait bien qu'elle ne pourrait pas rentrer en sécurité à la cour d'Angleterre ; mais elle pensait que le départ de Margaret pour l'Angleterre serait probablement le signe avant-coureur de la chute de Gloucester.

Intrigues politiques.

« *Elle* doit le haïr, se dit-elle, presque autant que moi, car il s'est opposé à son mariage dès le début et a fait tout ce qui était en son pouvoir pour l'empêcher. Margaret ne sera jamais satisfaite tant qu'elle n'aura pas destitué son mariage. de son pouvoir et mettre un de ses amis à sa place. Je peux l'aider dans ce travail, si elle me reçoit sous sa protection et me permet de l'accompagner en Angleterre.

Lady Neville et Margaret.

donc à Abbeville pour intercepter la reine alors qu'elle se dirigeait vers la côte, comme nous l'avons déjà vu. Au cours de la longue et secrète entrevue qu'elle eut avec elle là-bas, elle raconta à Margaret l'histoire de ses relations avec Somerset et avec Gloucester, et de son évasion presque miraculeuse de la mort aux mains de Gloucester. Elle souhaitait maintenant se venger ; et si la reine Margaret voulait la recevoir à son service et l'emmener en Angleterre, elle concerterait des mesures avec Somerset, son amant, qui aideraient grandement Margaret dans les plans qu'elle pourrait former pour effectuer la chute de Gloucester.

Lady Neville revient. Mystère.

Margaret accéda immédiatement et très volontiers à cette demande et emmena Lady Neville avec elle en Angleterre. Elle la traitait avec beaucoup de considération et d'honneur ; mais lady Neville gardait néanmoins une stricte réserve dans tous ses rapports avec les autres dames de la cour, et se maintenait dans une grande réclusion, surtout après l'arrivée des mariés en Angleterre. Son prétexte était sa profonde affliction de la perte de son amie et patronne la Dauphine de France. Mais les autres dames de la cour ne furent pas entièrement satisfaites de cette explication. Ils étaient pleinement convaincus qu'il y avait plus dans cette affaire qu'on ne le pensait, surtout lorsqu'ils découvrirent qu'à l'arrivée du groupe en Angleterre, l'étranger semblait prendre un soin particulier à éviter de rencontrer le duc de Gloucester. Ils ont déployé tous leurs pouvoirs de vigilance et d'examen pour percer le mystère, mais en vain.

CHAPITRE IX.

DES TRACÉS .

Intrigues personnelles et politiques. La beauté de Marguerite.

C'est ainsi que les affaires publiques se mêlèrent et se compliquèrent aux intrigues privées et personnelles de la cour d'Angleterre au moment de l'arrivée de Marguerite dans le pays. Margaret était d'un caractère qui la rendait admirablement apte à bien jouer son rôle dans la gestion de telles intrigues et à jouer les passions de l'ambition, de l'amour, du ressentiment, de l'envie et de la haine, telles que manifestées par ceux qui l'entouraient - passions qui brillent toujours. et rage avec plus de fureur dans une cour que dans toute autre communauté, afin d'accomplir ses fins. Elle était certes très jeune, mais elle avait atteint une maturité, tant mentale que personnelle, bien au-delà de son âge. Son visage était beau, et son air et ses manières possédaient un charme inexprimable, mais ses capacités mentales étaient d'un caractère très masculin, et dans l'audace des plans qu'elle formait, et dans l'astuce et l'énergie mêlées avec lesquelles elle continuait à En les exécutant, elle montrait moins les qualités d'une femme que celles d'un homme.

Lady Neville est censée être morte. Son père.

En Angleterre, tous les partis supposaient que Lady Neville était morte. Bien entendu, le duc de Gloucester ne savait pas que quelqu'un aurait pu s'échapper du bateau. Il supposait qu'il avait procédé à la destruction complète de tout ce qui se trouvait à bord. Les hommes de Somerset, qui étaient postés à une certaine distance du débarcadère pour recevoir Lady Neville et la ramener chez elle, attendirent bien après l'heure fixée, mais personne ne vint. Les enquêtes que Somerset fit secrètement le lendemain montrèrent que le bateau avait quitté le village, mais aucune nouvelle de son arrivée à Londres ne put être obtenue, et il supposa qu'il avait dû être perdu, avec tous à bord, par quelque accident survenu lors du voyage. la rivière. Quant au comte de Salisbury, père de lady Neville, Gloucester se rendit aussitôt chez lui et l'informa de ce qu'il avait fait. Il avait découvert sa fille, disait-il, dans une intrigue coupable qui, si elle avait été rendue publique, aurait fait honte non seulement à elle-même, mais à toute sa famille. Le comte, qui était un homme d'une grande sévérité et d'une grande sévérité de caractère, dit que Gloucester avait parfaitement bien agi, et ils convinrent ensemble de garder toute la transaction secrète au monde et de faire circuler un rapport selon lequel Lady Neville était décédée d'une cause naturelle. cause.

Arrivée à Londres.

Tel était l'état des choses lorsque Margaret et Lady Neville arrivèrent à Londres. Dès que la reine fut quelque peu établie dans sa nouvelle demeure, elle commença à réfléchir aux moyens de déposer Gloucester. Son projet était d'abord de s'efforcer de tirer son mari de sa léthargie et d'éveiller dans son esprit quelque chose comme un esprit d'indépendance et un sentiment d'ambition.

La reine et Henry.

« Vous avez entre vos mains, lui disait-elle, ce qui pourrait facilement constituer le fondement du plus noble royaume d'Europe. Outre la Grande-Bretagne, vous avez toute la Normandie et d'autres possessions précieuses en France, qui ensemble formez un vaste royaume, dans le gouvernement duquel vous pourriez acquérir une grande gloire, si vous vouliez en prendre le gouvernement entre vos propres mains.

Les arguments de Marguerite.

Elle lui représenta ensuite combien il était indigne de sa part de permettre à son oncle d'exercer toute la puissance d'un tel royaume, au lieu d'en prendre lui-même immédiatement le commandement, comme toute considération de prudence et de politique le poussait à le faire. De nombreux cas s'étaient produits dans l'histoire anglaise, dit-elle, dans lesquels un ministre favori avait été autorisé à détenir le pouvoir si longtemps et à se renforcer si complètement dans sa possession, qu'il ne pouvait pas en être dépossédé, de sorte que le roi lui-même finit par être soumis par son propre ministre. Le duc de Gloucester avançait rapidement dans la même direction ; et, à moins que le roi ne se réveille de son inaction et ne prenne le gouvernement en main, il perdrait bientôt tout pouvoir pour le faire et sombrerait dans une condition de dépendance humiliante à l'égard de l'un de ses propres sujets.

L'exemple des ancêtres.

Puis elle lui inspira en d'autres temps l'exemple de son père et de son grand-père Henri IV. et Henri V., dont les règnes, grâce à l'énergie personnelle et aux prouesses dont ils avaient fait preuve pour renforcer et étendre leurs domaines, leur avaient donné une renommée mondiale. Il serait extrêmement peu glorieux pour le descendant d'une telle lignée de passer sa vie dans une inactivité sans esprit et de laisser les affaires de son royaume entre les mains d'un parent, dont on ne pouvait bien sûr s'attendre qu'à exercer ses pouvoirs dans le but de promouvoir son propre intérêt et sa gloire.

Anne. Maison d'York.

De plus, elle lui rappelait le danger qu'il courait du fait des représentations d'autres branches de la lignée royale qui revendiquaient toujours le trône, et qui pouvaient à tout moment, chaque fois que l'occasion se présentait, tenter de faire valoir leurs prétentions. Comme le montre le tableau généalogique, [6] Lionel, le *deuxième* fils d'Édouard III. — dont les descendants immédiats avaient été remplacés par ceux de Jean de Gaunt, le troisième fils, du fait que le seul enfant de Lionel était une fille, et elle n'avait pas pu faire valoir ses prétentions, avait une arrière-petite-fille, nommée Anne, qui épousa Richard, un fils d'Edmond, le *quatrième* des fils d'Édouard III. [7] Richard Plantagenêt, issu de cette union, était bien entendu le descendant et l'héritier de Lionel. Il avait également d'autres prétentions au trône, et Margaret rappela à son mari qu'il y avait un danger à tout moment qu'il puisse se manifester et faire valoir ses prétentions.

Le roi n'est pas en sécurité.

Dans ces circonstances, il était évident, disait-elle, que le roi ne pouvait considérer ses intérêts comme étant en sécurité dans la garde de qui que ce soit en dehors de sa propre famille immédiate, c'est-à-dire entre les mains de quelqu'un d'autre que les siennes et celles de sa femme. On ne pouvait pas compter sur un ministre, aussi fortes que fussent ses professions de fidélité et d'attachement. Si une autre dynastie lui offrait des conditions plus avantageuses, il n'y avait et il ne pouvait y avoir aucune sécurité contre son changement de camp ; tandis qu'une femme, dont les intérêts étaient inséparablement liés à ceux de son mari, pouvait compter avec une certitude absolue sur sa fidélité et sa fidélité à son mari dans toutes les situations d'urgence imaginables.

Margaret fait une certaine impression.

Ces représentations que Marguerite faisait de temps en temps à son mari, selon qu'elle en avait l'occasion, produisirent sur lui une impression très considérable. Pourtant , il ne semblait pas avoir suffisamment de résolution et d'énergie pour agir conformément à ces directives. Il dit qu'il ne voyait pas comment retirer à son oncle un pouvoir qu'il avait toujours bien et fidèlement exercé. Et puis, d'ailleurs, lui-même n'avait ni l'âge ni l'expérience nécessaires pour diriger avec succès les affaires d'un royaume aussi puissant. S'il devait assumer les fonctions de gouvernement, il était convaincu qu'il devrait commettre des erreurs et ainsi se retrouver en difficulté.

Henry écoute ses conseils.

Margaret, cependant, sentait clairement qu'elle faisait des progrès en produisant une impression sur l'esprit de son mari. Pour accroître l'influence de ses représentations, elle surveillait les occasions dans lesquelles Gloucester différait d'opinion de celle du roi et ne parvenait pas à mettre en œuvre les suggestions ou recommandations que le roi avait faites, liées probablement, dans la plupart des cas, aux nominations à des fonctions au sein de la cour. .

Certains disent qu'elle *a créé* ces occasions en incitant astucieusement son mari à faire des recommandations qu'elle savait que le duc n'approuverait pas. Quoi qu'il en soit, de tels cas se produisirent, et Margaret en profita pour imposer encore davantage ses vues dans l'esprit d'Henry.

1446. La timidité d'Henry.

« Comme il est humiliant, dit-elle, qu'un grand monarque dépende d'un de ses sujets pour obtenir la permission de faire ceci ou cela, alors qu'il pourrait avoir toutes ses affaires sous son contrôle absolu !

Mais Henry, en réponse à cela, dit qu'il n'était pas dans la nature humaine d'éviter les erreurs, et il pensait qu'il était très heureux d'avoir un ministre qui, lorsqu'il était en danger de les commettre, pouvait intervenir et le sauver du mal. conséquences qui résulteraient autrement de ses erreurs.

Margaret l'encourage.

A cela Marguerite répliqua qu'il était effectivement vrai que la nature humaine était sujette à l'erreur, mais qu'il était très humiliant pour un souverain grand et puissant de voir l'attention publique attirée sur ses erreurs en les faisant corriger de cette manière par un inférieur, et de voir le public attirer l'attention sur ses erreurs en les faisant corriger de cette manière par un inférieur, et de être restreint dans l'exercice de ses pouvoirs par un tuteur et un gouverneur, afin de l'empêcher de faire le mal, comme s'il était un enfant incapable d'agir par lui-même.

Le monde indulgent envers les grands.

« En outre, ajouta-t-elle, si vous vouliez vraiment prendre vos affaires en main et agir de manière indépendante, ce que vous appelez vos erreurs, vous pourriez en dépendre, le public le désignerait sous un nom différent et plus doux. Le monde est toujours disposé à considérer comme bien entendu ce qui est fait par un monarque grand et puissant, et même lorsque cela leur semble mauvais, ils croient que cette apparence est uniquement due au fait qu'ils ne sont pas en mesure de former un jugement juste sur la question, ne connaissant pas pleinement les faits, ou n'en voyant pas toutes les conséquences. »

Elle assurait en outre à son mari que s'il prenait en main les affaires du gouvernement, il réussirait très bien dans l'administration des affaires publiques et serait bien soutenu par tous les gens du royaume.

Les desseins secrets de Margaret.

En plus d'agir ainsi sur l'esprit du roi, Marguerite était secrètement employée tout le temps à s'assurer des opinions et des sentiments des principaux nobles et autres grands personnages du royaume, en vue de savoir qui était disposé à se sentir hostile au duc. et d'unir tous ceux-là dans une opposition organisée contre lui. L'une des premières personnes à qui elle s'adressa dans ce sens fut Somerset, l'ancien amant de Lady Neville.

Opposition au duc de Gloucester.

Elle supposait, bien sûr, que Somerset serait prédisposé à un sentiment d'hostilité envers le duc en raison de la vieille rivalité qui avait existé entre eux, et elle se proposait maintenant de profiter du retour de Lady Neville et de son libre arbitre pour la restaurer. à lui, comme moyen de l'inciter à participer pleinement à ses projets visant à renverser le pouvoir de son ancien rival. Afin de garder la gestion de l'affaire entièrement entre ses mains, elle convint avec Lady Neville que Lady Neville elle-même ne devait en aucun cas communiquer avec Somerset avant qu'elle, la reine, n'ait d'abord eu un entretien avec lui, et qu'il était de connaître la sécurité de Lady Neville uniquement grâce à elle. Lady Neville y consentit volontiers, estimant que la reine pouvait gérer l'affaire mieux qu'elle-même.

Somerset.

On se souvient que Somerset était marié à l'époque où il avait connu Lady Neville, mais que sa femme était décédée pendant que Lady Neville était en France, et qu'il était maintenant libre ; de sorte que le plan que la reine et Lady Neville formaient maintenant était de lui donner l'occasion, s'il conservait encore son amour pour elle, d'en faire sa femme.

Un entretien secret prévu.

Dans la poursuite de son projet, la reine prit des dispositions pour un entretien secret avec Somerset et, au cours de cet entretien, l'informa que Lady Neville était toujours en vie et en bonne santé ; qu'elle n'était d'ailleurs pas loin, et qu'il était au pouvoir de la reine de la lui rendre s'il désirait la revoir, et qu'elle le ferait à certaines conditions.

Somerset était ravi d'apprendre cette nouvelle. Au début , il ne put être persuadé que c'était vrai ; et lorsqu'on lui assura positivement qu'il en était ainsi, et que Lady Neville, perdue depuis longtemps, était bien vivante et en Angleterre, il fut dans une fièvre d'impatience de la revoir. Il accepterait toutes les conditions, dit-il, que la reine pourrait nommer, comme prix pour la lui rendre.

Les trois conditions.

La reine a dit que les conditions étaient trois.

La première était qu'il ne devait la voir qu'une seule fois, et cela seulement pendant quelques minutes, afin d'être convaincu qu'elle était réellement vivante, puis qu'il la quitterait et ne la reverrait plus jusqu'à ce que le duc de Gloucester. était tombé du pouvoir.

La seconde était qu'il ferait semblant d'être en mauvais termes avec la reine elle-même, afin de détourner les soupçons sur certains de ses projets jusqu'au moment où elle serait prête à le recevoir de nouveau en faveur.

Parti contre Gloucester.

La troisième était qu'il ferait tout ce qu'il pourrait pour accroître et renforcer le parti contre le duc, en retournant contre lui le plus grand nombre possible de ses amis et de ceux sur lesquels il avait quelque influence, et enfin, lorsque le parti le ferait. devenir suffisamment fort pour porter des accusations contre lui au Parlement et le traduire en justice.

Somerset accepta immédiatement toutes ces conditions, et la reine l'admit alors à une entrevue avec Lady Neville.

L'interview.

Il fut saisi de transports d'amour et de joie à la fois en la revoyant et en la serrant dans ses bras. La reine, qui était présente, était très intéressée à voir les preuves de l'ardeur de l'affection par laquelle les amants étaient encore liés l'un à l'autre, mais elle interrompit bientôt leurs expressions et démonstrations de joie en attirant l'attention de Somerset sur les marches qui furent les prochains à être emmenés pour faire avancer leurs plans.

Le père de Lady Neville.

« La première chose à faire, dit-elle, c'est de voir le comte de Salisbury et de demander la main de sa fille, et en même temps de vous efforcer de l'inciter à se joindre à notre parti.

Le comte de Salisbury.

Le comte de Salisbury avait un fils, le frère, bien sûr, de Lady Neville, dont le titre était comte de Warwick. Il était le célèbre faiseur de rois, ainsi appelé, mentionné dans un chapitre précédent. Il reçut ce titre en raison de la grande influence qu'il exerça par la suite en soulevant et en renversant l'une après l'autre les deux grandes dynasties. Son pouvoir était à cette époque très grand, en partie à cause de son immense richesse, et en partie à cause de son caractère personnel imposant. Margaret était extrêmement désireuse de l'amener à ses côtés.

Avancement de l'intrigue.

Somerset se chargea volontiers de communiquer avec le comte de Salisbury, en vue de l'informer de la sécurité de sa fille et de lui demander sa main, et en même temps de vérifier quel espoir il pourrait y avoir de l'entraîner dans la combinaison que la reine était. se formant contre le duc de Gloucester.

Révélations.

Somerset demanda donc un entretien avec Salisbury et lui dit que le bruit qui avait circulé selon lequel sa fille était morte n'était pas vrai — qu'elle était toujours en vie — qu'au lieu d'avoir été noyée dans la Tamise, comme on l'avait supposé, elle s'était enfuie en France, où elle vivait depuis sous la protection de la dauphine.

Le cas expliqué.

Bien entendu, il n'était pas disposé à faire connaître les circonstances réelles de l'affaire en ce qui concerne la cause de sa fuite, et il fit donc valoir au comte que la raison pour laquelle elle avait quitté le pays était d'échapper au mariage avec Gloucester, ce qui lui ont été extrêmement désagréables. Cependant, elle était maintenant revenue, et elle le chargea de demander pardon au comte pour ce qui s'était passé, et son consentement à ce que lui-même, c'est-à-dire Somerset, qui avait toujours été fortement attaché à elle, et qui maintenant, par la mort de son ex-femme, était libre, devait lui être unie par le mariage.

La proposition de Somerset. Des avancées prudentes. L'indignation du comte.

Si Somerset avait réussi cette partie de sa mission, c'était alors qu'il avait l'intention, lorsque l'amour du vieux comte pour sa fille aurait été réveillé dans son sein par la joyeuse nouvelle qu'elle était en vie et par la perspective d'un mariage brillant pour elle. , pour introduire le sujet du duc de Gloucester, et peut-être lui révéler avec précaution le véritable état de l'affaire en ce qui concerne la violence meurtrière avec laquelle le duc avait agressé sa fille, et qui était la véritable cause de sa fuite. Mais le comte ne lui donna aucune possibilité d'aborder la deuxième partie de sa mission. Après avoir entendu la déclaration que Somerset lui avait faite au sujet de sa fille, il éclata d'une colère furieuse contre elle. Il l'appelait des noms les plus injurieux. Il avait la preuve complète de son déshonneur et il ne voulait plus avoir affaire à elle. Il l'avait déshéritée et avait donné toute sa part des biens familiaux à son frère ; et la seule raison pour laquelle il souhaitait qu'elle revienne à ses yeux était pour pouvoir lui infliger d'un coup plus sûr le châtiment que Gloucester avait conçu pour elle.

Somerset comprit immédiatement que l'affaire était désespérée et se retira.

Le projet échoue.

Ainsi, la tentative d'entraîner Salisbury dans la conspiration contre le duc semblait pour le moment échouer. Mais Margaret ne se décourageait pas du tout. Elle poussa ses manœuvres et ses intrigues ailleurs avec tant de diligence et de succès que, environ deux ans après son arrivée en Angleterre, elle trouva son parti assez grand et assez fort pour agir.

CHAPITRE X.

La chute de Gloucester.

Enfin arriva le moment où Margaret considéra que ses projets étaient mûrs pour être exécutés. *Le cabinet du roi. Gloucester a fait venir.*

En conséquence, un jour, alors qu'Henri et elle étaient ensemble dans le cabinet du roi occupés à régler certaines affaires publiques, Margaret trouva une excuse pour envoyer chercher Gloucester, et pendant que Gloucester était dans le cabinet, Somerset, selon un arrangement concerté, se présenta à il franchit la porte avec un air d'excitation et d'inquiétude, et demanda à être admis. Il souhaitait voir le roi pour des affaires de la plus haute urgence. On le laissa entrer. Il avait un papier à la main, et sa physionomie, ainsi que son air et ses manières, dénotaient une grande appréhension et une grande anxiété. Mais aussitôt qu'il aperçut le duc de Gloucester, il parut surpris et embarrassé, et fut sur le point de se retirer, disant qu'il avait cru que le roi et la reine étaient seuls.

Entrée du Somerset.

Mais Margaret ne lui permit pas de se retirer.

« Restez, dit-elle, et faites-nous savoir quelle est l' affaire qui vous paraît si urgente. Vous pouvez parler librement. Il n'y a ici que nous, sauf le ministre du roi, et il n'y a rien à lui cacher. "

Les accusations de Somerset.

Somerset, en entendant ces paroles, s'arrêta un moment, regarda Gloucester, parut indécis, puis, comme s'il se donnait un grand effort, il s'avança résolument et présenta au roi le papier qu'il avait entre les mains, en disant : en même temps, d'une manière très solennelle, il contenait des accusations des plus graves contre Gloucester ; et il a ajouté que, dans l'ensemble, il n'était pas fâché que l'accusé soit présent pour savoir de quoi on lui reprochait et pour répondre s'il avait une justification valable à offrir.

Margaret s'interpose.

Le duc parut abasourdi. Le roi fut lui aussi extrêmement surpris et commença à paraître très embarrassé. Marguerite mit fin à ce suspense gênant en prenant le papier des mains du roi et en l'ouvrant pour le lire.

« Voyons, dit-elle, quelles sont ces accusations.

Les accusations contre Gloucester.

Alors elle ouvrit le journal et commença à le lire. Les accusations étaient nombreuses. La principale concernait certaines transactions concernant les dominions anglais du continent, dans lesquelles Gloucester était accusé d'avoir sacrifié les droits et les intérêts de la couronne pour promouvoir certaines fins privées qui lui étaient propres. Il y eut de nombreuses autres accusations, liées à de prétendues usurpations des prérogatives du roi et à des violations autoritaires des lois du pays. Parmi ces derniers, le meurtre de Lady Neville a été précisé, et l'acte a été caractérisé dans les termes les plus sévères comme un crime de la plus grande atrocité, et commis dans des circonstances d'une grande atrocité, bien que l'auteur des accusations ait admis que les détails de l'affaire n'étaient pas entièrement connus.

Le duc clame son innocence.

Tandis que Marguerite lisait ces accusations l'une après l'autre, le duc affirmait positivement de chacune d'elles qu'elles étaient totalement injustes. Il parut un moment surpris et confus lorsque le meurtre de Lady Neville lui fut imputé, mais il se reprit bientôt et se déclara innocent de ce crime ainsi que de tous les autres. Toute cette série d'accusations était un tissu de basses calomnies, dit-il, du début à la fin.

Le comportement astucieux de Margaret.

Margaret lut le journal dans son intégralité, ne s'arrêtant que de temps en temps pour entendre ce que Gloucester avait à dire chaque fois qu'il manifestait le désir de parler, mais sans faire aucune observation personnelle. Elle prenait, en effet, l'air et les manières d'un témoin indifférent et indifférent. Après avoir fini de lire le journal, elle le plia et le posa de côté, disant en même temps au roi que c'étaient des accusations très graves et très lourdes, et qu'il serait très injuste envers le duc de les recevoir contre ses déclarations positives de son innocence, sans la preuve la plus claire et la plus concluante.

Propose une enquête.

"En même temps", a-t-elle ajouté, "elles ne devraient pas être écartées à la légère sans enquête. Nous ne pouvons pas supposer que le duc de Somerset puisse avoir formulé de telles accusations sans aucune preuve pour les étayer."

Le duc de Somerset dit immédiatement qu'il était prêt à fournir des preuves complètes de toutes les accusations, et qu'il était prêt à offrir des preuves concernant l'une ou l'ensemble d'entre elles chaque fois que Sa Majesté l'exigerait.

Sélectionne une charge.

Margaret ouvrit alors le journal et, parcourant de nouveau la liste des accusations d'un air insouciant, se fixa enfin, comme par hasard, sur celle relative au meurtre de Lady Neville.

— Quelles preuves avez-vous de cet atroce meurtre que vous accusez le duc ?

Gloucester est content. Le meurtrier.

Gloucester se sentit pour le moment très soulagé de découvrir que c'était là l'accusation choisie en premier comme preuve ; car les précautions qu'il avait prises pour dissimuler son crime dans cette affaire avaient été si efficaces qu'il était convaincu qu'au lieu de preuves substantielles contre lui, il ne pouvait y avoir, au pire, que de vagues motifs de soupçon, et il les croyait convaincus. confiant qu'il pouvait facilement démontrer étaient insuffisantes pour établir une accusation aussi grave.

Étonnement du duc.

Somerset demanda la permission de se retirer quelques instants. Très vite, il revint, emmenant avec lui Lady Neville elle-même. Une véritable résurrection d'entre les morts n'aurait pas pu étonner Gloucester plus que cette apparition. Il était saisi d'étonnement et presque de terreur. Lady Neville s'avança vers le roi, et, tombant à genoux devant lui, elle raconta les circonstances de l'assaut fait par Gloucester sur le bateau dans la Tamise, du meurtre cruel des passagers et des bateliers, de la blessure que s'était infligée Gloucester. le poignard du duc, et la manière presque miraculeuse avec laquelle elle s'est échappée.

1447. Parlement.

Le duc, accablé par les émotions qu'une telle scène aurait pu produire dans son esprit, parut admettre que ce que disait Lady Neville était vrai. Au moins, il ne pouvait pas le nier, et sa confusion et sa détresse équivalaient apparemment à un quasi aveu de culpabilité . Margaret, cependant, interrompit bientôt la procédure en disant au roi que l'affaire était manifestement trop grave pour être réglée de manière aussi privée et informelle. C'était au Parlement de l'examiner, a-t-elle dit, et de décider ce qui devait être fait ; et des mesures doivent être immédiatement prises pour le leur présenter.

donc tous deux renvoyés de la présence royale, laissant le roi dans un état de grande détresse et de perplexité.

L'ingéniosité de Margaret. Le roi l'a amené.

Telle est l'histoire des manœuvres privées auxquelles recourut Marguerite en vue de détruire l'emprise que le duc de Gloucester avait sur l'esprit du roi, préparatoire à des plans plus étendus visant à le ruiner avec le Parlement et la nation, qui » est raconté par l'un de ses biographes les plus célèbres. Qu'il y ait ou non un fondement pour cette histoire particulière, il ne fait aucun doute qu'elle a exercé toute son ingéniosité et son talent de manœuvre pour accomplir son objectif, et qu'elle a réussi. Le roi fut amené à ses vues, et un parti si fort se forma contre Gloucester parmi les nobles et autres personnages influents du pays, qu'enfin, en 1447, un Parlement fut convoqué en vue d'amener l'affaire à une crise. . [8]

Trahison. La romance se mêle souvent à l'histoire. Une explication.

Cependant, lors de la convocation du Parlement, rien n'a été dit sur la grande et passionnante affaire qui allait leur être soumise. Le pouvoir d'un homme comme Gloucester était si grand que toute tentative ouverte de l'arrêter aurait probablement rencontré une résistance armée et aurait pu conduire immédiatement à une guerre civile.

L'une des accusations portées contre lui était d'avoir intrigué avec le duc d'York, représentant et héritier des deux autres branches de la famille du vieux roi Édouard III, dont nous avons déjà parlé comme prétendant au trône . On disait que Gloucester complotait secrètement avec Richard, dans le but de déposer Henry et d'élever Richard sur le trône à sa place.

Question de succession.

La question de la succession était vraiment, à cette époque, dans un état très curieux. Le duc de Gloucester lui-même était l'héritier d'Henri au cas où il mourrait sans enfants ; car Gloucester était l'oncle le plus âgé d'Henri et, bien entendu, à défaut de descendance, la couronne lui reviendrait. C'était peut-être une des raisons pour lesquelles il s'était opposé au mariage d'Henry.

Position du duc d'York.

Aussi longtemps que Henry restait célibataire, il était dans l'intérêt de Gloucester de maintenir les droits de sa branche de la famille, c'est-à-dire la lignée Lancaster, contre les prétentions de la maison d'York. Mais dans le cas où Henry aurait des enfants, alors il serait retranché de la succession du côté de Lancaster, et alors il pourrait être dans son intérêt d'épouser la cause de la maison d'York, à condition qu'il puisse conclure de meilleures conditions en ce qui concerne son sa propre position et les récompenses qu'il devait recevoir pour ses services de ce côté que de l'autre.

Gloucester s'est alarmé.

Maintenant, Henry était marié et, de plus, il était depuis longtemps évident pour Gloucester que sa propre influence déclinait rapidement. La scène dans le cabinet du roi, lorsque Somerset porta ces accusations contre lui, dut augmenter considérablement ses craintes quant au maintien de son pouvoir sous le gouvernement d'Henri. Pourtant, s'il était vrai qu'il envisageait de faire cause commune avec le duc d'York, il n'avait pas encore mûri ses plans pour opérer un changement ouvert dans sa ligne de conduite.

Convocation du Parlement.

En conséquence, lorsque le projet de convocation d'un Parlement fut déterminé par le roi et Marguerite, tous les efforts furent faits pour cacher au public que le cas de Gloucester devait lui être soumis. Elle a été convoquée sous d'autres prétextes. Le lieu de réunion n'était pas, comme d'habitude, à Londres, car Gloucester était si grand favori parmi les Londoniens qu'on pensait que, si l'on tentait de l'arrêter là-bas, il résisterait certainement et tenterait de soulever une insurrection.

Enterrez St. Edmund.

Le Parlement fut donc convoqué à se réunir à Bury St. Edmund, ville située à environ cinquante ou soixante milles au nord-est de Londres, où se trouvait une célèbre abbaye. [9] Le Parlement anglais n'était alors, comme il l'est en fait aujourd'hui en théorie, rien de plus ni de moins qu'une convocation des principaux personnages du royaume, convoqués par le roi, afin qu'ils puissent donner au monarque leurs conseils ou leur aide en cas d'urgence qui pourrait survenir, et il pouvait les appeler pour l'assister à n'importe quel endroit du royaume qu'il choisissait de désigner.

Tandis qu'ainsi, en convoquant le Parlement à se réunir à Bury St. Edmund's, le parti de la reine se mettait hors de portée des amis et des partisans de Gloucester, qui étaient très nombreux dans et autour de la capitale, ils prenaient soin d'y avoir une force forte sur de leur côté, prêts à faire tout ce qu'on pourrait leur demander.

Le jour fixé, le Parlement se réunit . Il se réunissait à l'abbaye. La grande salle à manger de l'abbaye, ou réfectoire, comme on l'appelait, pièce dans laquelle les moines avaient l'habitude de prendre leurs repas, était aménagée pour leur réception. Le premier jour, quelques affaires ordinaires furent réglées, et le deuxième, tout à coup et sans aucun avertissement préalable, le duc fut arrêté par l'officier public, qui fut accompagné et aidé dans ce service par une force importante, et immédiatement emmené à la tour.

Bien entendu, cet événement a suscité un grand enthousiasme. La nouvelle se répandit rapidement dans tout le royaume, et elle éveilla l'étonnement et l'alarme universelle.

Mécontentements du peuple.

On s'attendait à ce que des accusations soient immédiatement portées contre lui et qu'il soit immédiatement traduit en justice. Mais l'émotion suscitée par cette affaire fut décuplée par la nouvelle, répandue quelques jours après, de sa mort. L'histoire raconte qu'il fut retrouvé mort un matin dans sa prison. Les gens, cependant, ont mis du temps à croire cette affirmation. Ils pensaient qu'il avait été empoisonné ou mis à mort d'une autre manière violente. Les officiers du gouvernement déclarèrent qu'il n'en était pas ainsi ; et, pour convaincre le peuple que le duc était mort de mort naturelle, ils firent exposer le corps à la vue du public pendant plusieurs jours avant de permettre qu'il soit enterré, afin que chacun pût voir qu'il ne portait aucune marque de mort. violence.

Mais la population n'était pas satisfaite. Ils pensaient qu'il existait de nombreuses manières de provoquer la mort sans laisser aucune indication extérieure de violence sur la personne. Ils persistaient à croire que leur favori avait été assassiné.

1449. Mode supposé de sa mort.

Un récit qui a été donné sur le mode de mort était que Somerset était allé lui rendre visite dans sa prison de la Tour, afin de voir s'il ne pouvait pas s'entendre avec lui, mais que Gloucester avait rejeté ses avances avec tant d'orgueil et de mépris. qu'une violente altercation eut lieu, au cours de laquelle Somerset, avec l'aide des hommes qu'il avait amenés avec lui, étrangla ou étouffa le malheureux prisonnier sur son lit, puis, après avoir arrangé ses membres et fermé les yeux, de manière à lui donnant l'air d'être dans un état de sommeil, ses meurtriers s'en allèrent et le laissèrent, pour être trouvés dans cet état par le geôlier au moment où il devait venir lui apporter sa nourriture.

CHAPITRE XI.

LA CHUTE DU SUFFOLK.

Deux ans s'écoulent.

Après la mort du duc de Gloucester, la reine Marguerite fut plongée dans une mer parfaite de complots, de projets, de manœuvres et de machinations de toutes sortes, qu'il faudrait un volume complet pour démêler. Cet état de choses dura pendant deux ans, pendant lesquels elle fut de plus en plus impliquée dans les difficultés et les complications qui l'entouraient, jusqu'à ce qu'elle se retrouve enfin dans de très graves ennuis. Je ne peux ici que brièvement évoquer les sources les plus importantes de sa perplexité.

Soupçons du peuple. Leurs cœurs se sont aliénés.

En premier lieu, le peuple anglais était très sérieusement mécontent du traitement réservé à Gloucester. On ne voulait pas croire qu'il était mort de mort naturelle, et l'impression se répandait très généralement que la reine était la cause de son assassinat. Ils ne pensaient pas qu'elle ordonnait littéralement de le mettre à mort, mais qu'elle donnait des allusions ou des indications, comme les personnages royaux avaient l'habitude de le faire dans de tels cas à cette époque, sur lesquelles quelque adepte zélé et sans scrupules se risquait à agir, certains de lui plaire. Comme Gloucester avait été un favori général de la nation, ces rumeurs et soupçons avaient grandement tendance à éloigner le cœur du peuple de la reine. Beaucoup ont commencé à la détester. Ils l'appelaient la Française et exprimaient leur mauvaise volonté par d'obscures menaces et marmonnements.

Revers en France. Sentiment en Angleterre.

Ce sentiment d'hostilité envers la reine était accru par la tournure très malheureuse que prenaient les choses en France à cette époque. Les provinces du Maine et de l'Anjou se trouvaient directement au sud de la Normandie, [10] cette dernière étant la plus précieuse des possessions que la couronne anglaise détenait en France, et ces deux provinces avaient été cédées aux Français à l'époque de Marguerite. mariage. Ce n'est qu'à la condition que les Anglais les abandonneraient que Lord Suffolk pouvait convaincre le père de Margaret de consentir au mariage. Le Suffolk était extrêmement peu disposé à céder ces provinces. Il savait que les nobles et le peuple anglais seraient très mécontents dès qu'ils apprendraient que cela serait fait, et il craignait de pouvoir un jour lui demander des comptes pour avoir été impliqué dans la transaction. Mais le roi était si profondément amoureux de Margaret qu'il insista pour que le Suffolk se conforme aux conditions exigées par ses amis, et les provinces furent cédées.

Régent d'York en France.

Le duc d'York était alors régent en France, mais Margaret éprouvait un certain malaise quant à sa position là-bas. Il était le représentant et l'héritier de la lignée rivale ; et même s'il était dans son intérêt de lui donner suffisamment d'importance sous le gouvernement de Henry pour éviter qu'il ne devienne mécontent et désespéré, ce n'était pas une bonne politique de l'exalter à une position trop élevée. Elle ne savait donc pas trop quoi faire.

Somerset.

Peu après la mort de Gloucester, Somerset, se sentant suspect, se sentit en danger et proposa à Margaret de se retirer quelque temps en Normandie. Margaret suggéra qu'il prenne la régence de Normandie à la place du duc d'York. Il y consentit finalement. Le duc d'York fut rappelé et Somerset partit prendre le commandement de la Normandie à sa place.

Les intentions du Suffolk. Frontière exposée.

Au moment où le Suffolk négociait le contrat de mariage entre Henri et Margaret, une trêve avait été conclue avec le roi de France, comme nous l'avons déjà dit. Suffolk avait l'intention et l'espoir de conclure une paix permanente, mais il n'y parvint pas. Le roi de France, aussitôt que le mariage fut équitablement réalisé, parut résolu à reprendre les hostilités, et comme il avait maintenant en sa possession les territoires du Maine et de l'Anjou, avec tous les châteaux et forteresses que contenaient ces provinces, il pouvait avancez de ce côté avec une grande facilité jusqu'aux frontières de la Normandie, et organisez des expéditions pour envahir le pays de la manière la plus efficace.

Prétexte à la guerre.

Il ne lui fallait plus qu'un prétexte, et on trouve toujours vite un prétexte dans de tels cas. Une certaine compagnie de soldats, qui avaient été renvoyés de quelque endroit du Maine à la suite de la cession de cette province à la France, au lieu de traverser la frontière jusqu'en Normandie pour y rejoindre les forces anglaises, comme ils auraient dû le faire, se rendit en Normandie. La Bretagne, autre province française voisine, s'y organisa en une sorte de bande de voleurs et commet des actes de pillage. Le roi de France s'en plaignit à Somerset, car c'était après que Somerset eut pris le commandement de régent ou de gouverneur de Normandie. Somerset a reconnu les faits et a proposé de payer des dommages et intérêts. Le roi indiqua une somme si élevée que Somerset ne pouvait ou ne voulait pas la payer, et la guerre fut donc de nouveau déclarée.

Rouen.

Invasion de la Normandie.

Grâce aux avantages dont jouissait le roi de France de posséder le Maine, il pouvait organiser son armée d'invasion d'une manière très efficace. Il traversa la frontière en grande force, et après avoir pris un certain nombre de villes et de châteaux et vaincu l'armée anglaise dans plusieurs batailles, il conduisit enfin Somerset à Rouen, la capitale de la province, une ville très ancienne et remarquable, et ferma lui là-haut.

Après un court siège, Rouen fut contraint de capituler et, en plus d'abandonner Rouen, Somerset fut obligé de rendre plusieurs autres châteaux et villes importants afin d'obtenir sa propre liberté.

La Normandie a perdu.

Les choses se passèrent ainsi au cours de l'année 1449, de mal en pis, jusqu'à ce que finalement toute la Normandie soit perdue. La ville de Cherbourg, devenue ces derniers temps si célèbre par les immenses ouvrages navals et militaires qui y ont été construits, fut la dernière retraite et le dernier refuge des Anglais, et même de là ils furent finalement chassés.

Colère du peuple anglais. Le ministre responsable.

Le peuple anglais était très en colère. Le principal objet de leur ressentiment était Lord Suffolk, qui était maintenant le premier ministre et le chef reconnu du gouvernement. Au cours des difficultés avec Gloucester, Margaret l'avait tenu beaucoup à l' arrière-plan, afin que le public ne puisse pas l'associer à ces transactions, ni le tenir pour responsable de quelque manière que ce soit, même s'il ne faisait aucun doute qu'il fut l'ami et le conseiller confidentiel de la reine pendant toute cette période. Après la mort de Gloucester , il avait été progressivement mis en avant et il était maintenant depuis quelque temps le ministre reconnu de la couronne et, en tant que tel, responsable, selon la théorie de la Constitution britannique et les idées des Anglais, de tout ce qui a été fait, et surtout pour tout ce qui s'est produit comme le malheur et le désastre.

Suffolk en danger.

Il y eut, bien sûr, un grand tollé contre le Suffolk et aussi, plus secrètement, contre la reine, qui avait porté le Suffolk au pouvoir. Tous les méfaits provenaient aussi, disait-on, du mariage malheureux de Marguerite avec le roi, et de la cession du Maine et de l'Anjou aux Français pour prix. Les Français n'auraient jamais pu pénétrer en Normandie sans l'avantage qu'ils avaient acquis dans la possession de ces provinces frontalières.

Vue de Bordeaux.

Guyenne .

Il y avait encore de grandes possessions détenues par les Anglais dans le sud-ouest de la France, sur la Garonne. La capitale de ce territoire, qui était la célèbre province de Guienne , était Bordeaux [11] , ville grande et importante à cette époque comme aujourd'hui. Il se trouve sur la rive du fleuve, là où il commence à s'élargir vers la mer, et était donc accessible aux Anglais sur leurs navires ainsi que lorsqu'ils venaient avec leurs armées par voie terrestre. C'était un lieu d'une grande force ainsi que d'une position dominante, étant pourvu de châteaux et de tours pour le défendre du côté de la terre, ainsi que de murs épais et de puissantes batteries le long du bord de l'eau.

Bordeaux a perdu.

Le Suffolk fit tout ce qui était en son pouvoir pour lever et envoyer des renforts à l'armée de Guyenne , mais ce fut en vain. Les Anglais furent chassés d'une ville et d'un château après l'autre, jusqu'à ce qu'enfin Bordeaux elle-même tombe et tout fut perdu.

Excitation en Angleterre.

Le ressentiment et la colère du peuple anglais ne connaissaient désormais plus de limites. Le Suffolk fut universellement dénoncé comme l'auteur de toutes ces terribles calamités. Des pamphlets et des satires furent écrits contre lui ; il était parfois hué par la population de Londres lorsqu'il apparaissait dans les rues, et tout présageait une tempête imminente. Enfin, à l'automne 1449, un Parlement fut convoqué. Lorsqu'elle fut convoquée, Suffolk parut à la Chambre des Lords comme d'habitude, et, se levant à sa place, il appela l'attention des pairs sur les dénonciations colériques et vindicatives qui lui étaient quotidiennement adressées par le public, déclarant qu'il était totalement ignorant les crimes qui lui étaient reprochés, et défiant ses ennemis de présenter la moindre preuve pour étayer leurs accusations.

Braver la tempête.

Un esprit de défi audacieux comme celui-ci aurait pu réussir dans certains cas, peut-être, à repousser la marée d'hostilité et de haine qui montait si rapidement, mais dans ce cas -ci , il semblait avoir l'effet contraire. Les ennemis du Suffolk à la Chambre des communes relevèrent immédiatement le défi. Ils étaient assez forts pour emporter la maison avec eux. Ils ont transmis une adresse aux pairs, leur demandant de faire arrêter et emprisonner Suffolk. Ils apporteraient, disaient-ils, immédiatement les preuves de sa culpabilité.

Accusations portées.

Les Lords ont répondu qu'ils ne pouvaient pas arrêter et emprisonner l'un d'entre eux sauf sur la base d'accusations spécifiques portées contre lui. Sur quoi les Communes préparèrent très promptement une liste d'accusations et l'envoyèrent aux Lords. Sur cette accusation, les Lords ordonnèrent d'arrêter Suffolk et il fut envoyé à la Tour.

Une mise en accusation. Suffolk dans la tour.

Pendant les deux mois qui suivirent son arrestation , ses ennemis furent activement occupés à préparer le projet de loi de mise en accusation contre lui et à rassembler les preuves par lesquelles ils devaient le soutenir, tandis que la reine était tout aussi sérieuse et soucieuse de trouver des moyens. pour le sauver. Elle lui rendit visite en secret, dit-on, dans sa prison, et conféra avec lui sur le plan à poursuivre. Ils semblent avoir été tous deux convaincus qu'il lui était impossible de rester en Angleterre et de traverser la tempête. La seule solution de sécurité serait qu'il quitte le pays pendant un certain temps, à condition que l'on puisse trouver les moyens de l'éloigner. Le plan sur lequel ils se sont mis d'accord pour atteindre ce but apparaîtra dans la suite.

Il est mis en examen. La défense du Suffolk. Il fait appel au roi.

Enfin, le 13 mars, il fut convoqué devant la Chambre des Lords, et le projet de loi d'impeachment fut présenté. Il y eut de très nombreuses accusations, à commencer par celle d'avoir cédé, par méchanceté et pour des motifs corrompus, et ainsi perdues à jamais à la couronne, les provinces du Maine et d'Anjou, et passant à de nombreuses accusations de malversations dans l'exercice des fonctions, d'empiétement sur les prérogatives. du roi, et d'actes dans lesquels l'intérêt et l'honneur du pays avaient été sacrifiés à sa propre ambition personnelle ou à des fins privées . Suffolk se défendit dans un discours général, sans toutefois exiger, comme il avait le droit de le faire, un procès formel par ses pairs. Ces démarches durent plusieurs jours, tant que le Suffolk conservait l'espoir de pouvoir endiguer le torrent. Finalement, le 17 mars, constatant que la pression contre lui ne cessait de croître et qu'il n'y aurait aucune chance d'être acquitté s'il réclamait un procès, il fit appel au roi pour qu'il tranche son cas, disant : que, bien qu'il fût entièrement innocent des crimes qui lui étaient reprochés, il se soumettrait entièrement à la volonté de Sa Majesté.

Condamnation au bannissement.

En réponse à cet appel, le roi déclara, par l'intermédiaire de l'officier compétent de la Chambre des Lords, qu'il ne trancherait pas la question de la culpabilité ou de l'innocence de l'accusé, puisqu'il n'avait pas demandé de procès, mais qu'il pensait qu'il Il est préférable, compte tenu de toutes les circonstances de l'affaire, que le Suffolk quitte le pays. Il a donc émis un décret de bannissement à son encontre pour cinq ans. Il devait quitter l'Angleterre avant le premier mai et ne mettre le pied sur aucun sol anglais avant l'expiration des cinq ans.

Les gens étaient furieux. Une émeute.

Les Lords étaient très mécontents de voir l' affaire ainsi soustraite à leurs mains. Ils ont protesté formellement contre cette décision, mais ils n'ont rien pu faire de plus. Les gens aussi étaient très furieux. Ils déclarèrent que le

Suffolk ne devrait jamais quitter Londres vivant ; et le jour où l'on crut qu'il devait être enlevé de la Tour pour être transporté en France, une foule de deux mille hommes rassemblés dans les rues résolut de le tuer.

Suffolk s'échappe par la mer.

Mais la reine imagina des moyens pour lui permettre d'y échapper. Certains de ses serviteurs et partisans furent capturés, mais il réussit à s'échapper et, après s'être rendu dans son château à la campagne et y avoir pris quelques dispositions hâtives, il descendit vers la côte de la mer à Ipswich, une ville de la région. partie orientale de l'île, et s'embarqua pour la France sur un vaisseau que la reine avait pris la précaution de lui préparer là.

Suffolk est de nouveau fait prisonnier.

Le navire appareilla immédiatement, se dirigeant vers le sud, bien sûr, vers le détroit du Pas de Calais. Alors qu'il traversait le détroit, entre Douvres et Calais, un navire de guerre nommé le Nicolas de la Tour, était en vue, s'approchant du navire au moment où on envoyait un bateau à terre à Calais pour s'enquérir si le Suffolk serait autorisé à y atterrir. Le bateau a été intercepté. Au même moment, un bateau du navire de guerre monta à bord du navire, amenant des officiers chargés de le fouiller minutieusement. Bien sûr, ils trouvèrent Suffolk à bord, et l'officier, dès que Suffolk fut découvert, l'informa qu'il devait l'accompagner à bord du navire de guerre.

Le Suffolk n'avait d'autre choix que d'obéir. Le capitaine du navire de guerre le reçut alors qu'il montait sur le pont en lui disant : Je suis heureux de vous voir, traître, ou quelque chose du genre. Une telle salutation devait clairement indiquer à Suffolk ce qui était devant lui. Le navire de guerre se dirigea vers la côte anglaise et commença à faire des signaux à certaines parties à terre. Elle y resta deux jours, échangeant ainsi des signaux de temps en temps et attendant apparemment des ordres.

Son exécution dans un bateau.

Enfin, le troisième jour, un bateau débarqua du rivage, muni de tout ce qui était nécessaire pour l'exécution d'un criminel. Il y avait une plate-forme avec un bloc dessus, une hache ou un couperet quelconque et un bourreau. Suffolk fut transporté à bord du bateau, et là, avec très peu de cérémonie, sa tête fut posée sur le bloc, et le bourreau commença immédiatement sa tâche pour la séparer du corps. Mais, soit à cause de l'instabilité du bateau, soit de l'inadaptation de l' instrument, soit de la maladresse de l'opérateur, il fallut cinq coups différents pour que l'acte sanglant soit accompli.

Élimination du corps.

Le bateau s'est immédiatement dirigé vers le rivage. Les hommes à bord jetèrent les restes disséqués sur la plage, puis s'en allèrent.

Quelques amis du Suffolk, apprenant ce qui s'était passé, descendirent à la plage et, trouvant les parties séparées du corps gisant dans le sable où elles avaient été jetées, les replacèrent ensemble avec révérence et leur donnèrent un enterrement honorable.

CHAPITRE XII.

Naissance d'un prince.

1453.

Après la mort de Suffolk, la reine fut plongée dans une mer de perplexités et de troubles anxieux, qui continuèrent à troubler le royaume et à agiter son esprit, jusqu'à ce qu'enfin, en 1453, huit ou neuf ans après son mariage, elle donna naissance à un enfant. fils. Cet événement, aussi étrange que cela puisse paraître, a décuplé les difficultés de sa situation.

Margaret en grande difficulté. La politique à l'égard du duc d'York.

La raison pour laquelle la naissance de son enfant a accru ses ennuis était la suivante. On a déjà dit que le duc d'York prétendait être le souverain légitime de l'Angleterre parce qu'il descendait d'une branche plus ancienne de la famille royale ; mais que, depuis qu'Henri était établi sur le trône, il était enclin à ne faire aucune tentative pour faire valoir ses prétentions tant qu'il était entendu qu'il recevrait le royaume à la mort d'Henri. Afin de le maintenir satisfait de cette position, la politique de Margaret avait été de le traiter avec beaucoup de considération et de lui accorder de grands honneurs, mais, en même temps, de le surveiller de très près et d' éviter de lui conférer des honneurs. un pouvoir si important dans le royaume d'Angleterre qu'il lui permettrait de tenter de s'emparer du trône. Elle lui donna donc la régence de France, et ensuite, lorsqu'elle le rappela de ce pays pour y envoyer Somerset, elle l'envoya en Irlande.

Le retour de Somerset en Angleterre.

Après la mort de Suffolk, Somerset rentra de France. En effet, il rentrait chez lui au moment même où Suffolk était tué, les possessions anglaises y ayant été presque entièrement perdues. Dès son retour, la reine le reçut en haute faveur à la cour et en fit bientôt le premier ministre de la couronne. La population du pays en fut mécontente et montra bientôt des marques de grand mécontentement. Ils se seraient très probablement soulevés dans une rébellion ouverte si la santé d'Henri n'était si faible et si la probabilité qu'il meure sans issue n'avait été si grande, auquel cas la couronne reviendrait paisiblement au duc d'York et à ses héritiers.

Les gens sont prêts à attendre.

« Attendons, disaient-ils, un peu de temps, et tout ira bien. Il vaut mieux supporter un peu plus longtemps les maux de cet état de choses que de plonger le pays dans les horreurs de la guerre civile en tentant de changer la dynastie par la force avant la mort d'Henri.

Dans l' intervalle , cependant, même si le sentiment public prédominait jusqu'à présent quant à la prévention d'une véritable épidémie, cela n'a en aucun cas épargné à la communauté d'être inutilement agitée par des inquiétudes et des craintes qu'une épidémie ne se *produise* , et cela n'a pas non plus empêché empêcher que d'innombrables complots et conspirations ne se forment tendant à en produire un seul. Le pays était divisé en deux grands partis : ceux qui favorisaient le duc d'York et sa dynastie, et ceux qui adhéraient à la maison de Lancastre. Les nobles prirent parti dans la querelle, les uns ouvertement, les autres en secret. Comme ces nobles se déplaçaient continuellement d' un château à l'autre, ou entre la campagne et Londres, à la tête de corps armés d'hommes plus ou moins redoutables, personne ne pouvait dire quels plans se formaient, ni dans combien de temps une explosion se produirait. pourrait se produire. Le duc d'York était, bien sûr, le chef et le leader d'un côté, et le duc de Somerset, en tant que conseiller et ministre de confiance d'Henri et de la reine, était le plus éminent de l'autre côté, et chacun de ces grands dirigeants regardait l'autre avec des sentiments d'inimitié mortelle.

Le jardin du Temple.

Cet état de choses maintenait le roi et la reine dans une inquiétude continuelle. La reine commença à s'apercevoir que, par ses manœuvres et sa gestion, elle s'était impliquée dans des difficultés qui échappaient à son contrôle, et le pauvre roi était tellement harcelé par ses ennuis et ses perplexités que sa santé et, enfin, son esprit, commençaient à souffrir. souffrir gravement.

Le duc d'York vient en Angleterre.

Enfin, le duc d'York, sans permission du gouvernement, traversa la Manche depuis l'Irlande et débarqua en Angleterre. Il rassembla bientôt une importante force armée et commença à se déplacer à travers le pays en direction de Londres. Le gouvernement était très alarmé. Il professait de n'avoir aucun objet hostile en vue et déclara qu'il reconnaissait toujours son allégeance à la ligne Lancaster ; mais il n'y avait aucun moyen d'être sûr que ce n'était pas un simple prétexte et qu'il ne pourrait à aucun moment jeter son masque et se soulever ouvertement.

Les roses. Origine de ces symboles.

C'est vers cette époque que les célèbres symboles de la rose rouge et de la rose blanche furent choisis comme insignes respectivement des maisons d'York et de Lancaster, comme nous l'avons déjà mentionné. L'histoire raconte qu'à une certaine époque, alors que plusieurs nobles et personnes de la cour se promenaient dans ce qu'on appelle le Temple Garden, un terrain ouvert et ornemental au bord de la rivière à Londres, Somerset et Warwick, qui se trouvaient sur Les différents partis dans cette querelle se rassemblèrent, l'un une rose blanche et l' autre une rose rouge, et proposèrent au reste de la société de cueillir également des roses, chacun selon ses propres sentiments et opinions. Dès ce début, les deux couleurs devinrent l'insigne permanent des deux lignes, à tel point que des roses artificielles rouges et blanches furent enfin fabriquées en grand nombre, pour approvisionner les soldats des armées respectives.

Une expédition. Inquiétude du roi.

Mais revenons au duc d'York. Lorsqu'on s'aperçut qu'il s'avançait vers Londres, Somerset pressa le roi de se mettre à la tête d'un corps de troupes, de sortir à sa rencontre et de lui demander compte de ses démarches. Le roi le fit, la reine accompagnant l'expédition. Elle était très inquiète et s'inquiétait beaucoup pour la sécurité du roi. Après diverses marches et manœuvres , les deux armées se rapprochèrent dans le comté de Kent, au sud-est de Londres. Le roi Henri, qui était éminemment un homme de paix, ne possédant aucune qualité guerrière et étant extrêmement opposé à l'effusion du sang, au lieu d'attaquer le duc d'York, lui envoya un messager pour savoir quelles étaient ses intentions en venant. dans le pays à la tête d'une telle force, et ce qu'il désirait.

Les professions.

Le duc répondit qu'il n'avait aucun projet contre le roi, mais seulement contre le traître Somerset, et il dit que si le roi ordonnait que Somerset soit arrêté et traduit en justice, il devrait être satisfait et dissoudre ses forces.

Un rendez-vous

Le roi, en recevant ce message, fut très troublé et perplexe, mais il finit par décider, sur l'avis de certains de ses conseillers, de se conformer à cette demande. Il fit arrêter Somerset et en informa le duc d'York. Le duc d'York licencia alors son armée, ou du moins renvoya les troupes, et se donna rendez-vous pour venir sans surveillance rendre visite au roi dans sa tente, en vue de conférer avec lui sur les termes et conditions d'une réconciliation permanente.

Somerset caché.

Cette interview a donné lieu à une scène très extraordinaire. Il semble que la reine ait trouvé le moyen de libérer secrètement Somerset après son arrestation, de l'amener furtivement au pavillon du roi et de l'y cacher derrière les arras au moment où le duc d'York devait être admis, afin qu'il , Somerset, pourrait être témoin de l'entretien. Pendant qu'il était ainsi caché, le duc d'York entra. Il commença sa conférence avec le roi en répétant avec ferveur ce qu'il avait dit auparavant, à savoir qu'il n'avait été poussé dans ce qu'il avait fait par aucun sentiment d'hostilité contre le roi. mais seulement contre Somerset. Son seul objectif en prenant les armes, disait-il, était que ce grand traître puisse être puni.

Scène sous la tente. Une violente altercation. Le duc d'York emprisonné.

En entendant ces paroles, Somerset ne put se contenir plus longtemps, mais, au grand étonnement du duc d'York et à la plus grande consternation du roi, il se précipita hors de sa cachette et commença à attaquer le duc avec la plus violente violence. des reproches, alléguant que ses prétentions d'amitié pour Henri étaient fausses, et que le véritable dessein de ses mouvements était d'usurper le trône. Le duc rétorqua par des dénonciations et des menaces tout aussi féroces. Pendant toute la durée de cette altercation, le roi resta stupéfait et sans voix, et enfin, lorsque le duc se retira, des officiers étaient prêts à la porte pour l'arrêter, après y avoir été postés par la reine.

Libéré.

Il ne fut cependant retenu prisonnier que peu de temps, car son fils, qui devint plus tard Edouard IV, commença aussitôt à lever une armée pour venir le libérer. Il était jugé, pour d'autres raisons, dangereux de tenter de maintenir en détention un tel homme, puisque probablement plus de la moitié du royaume était de son côté. On lui offrit donc sa liberté à condition qu'il prêterait le nouveau et solennel serment de fidélité au roi.

Il y consentit, et le serment fut prêté en grande cérémonie dans la cathédrale Saint-Paul, puis il fut renvoyé. Il s'en alla dans l'un de ses châteaux à la campagne, marmonnant de profondes et sérieuses menaces de vengeance.

Naissance du prince.

C'est environ un an plus tard que le bébé de Margaret est né. C'était un fils.

Question de la succession. De nouvelles difficultés.

Bien entendu, la naissance de cet enfant augmentait énormément les difficultés et les dangers dans lesquels le royaume était impliqué, car elle semblait éteindre l'espoir que la querelle serait réglée par la famille York succédant pacifiquement à la couronne à la mort d'Henri. Or, il y avait enfin un héritier de la lignée lancastrienne. Bien sûr , Margaret et tous ceux qui étaient liés à la lignée lancastrienne, que ce soit par le sang ou par la partisanerie politique, seraient résolus à soutenir les droits de cet héritier. D'un autre côté, il ne fallait pas supposer que le duc d'York renoncerait à ses prétentions, et il n'aurait plus aucune raison de différer ses déclarations. Ainsi la naissance du jeune prince fut l'occasion de plonger le pays dans une excitation nouvelle et plus fébrile que jamais. Complots et contre-complots, complots et contre- complots étaient à l'ordre du jour. Tout le monde prenait parti, ou, du moins, prenait ses dispositions pour prendre parti, dès que l'épidémie éclaterait. Et personne ne savait dans combien de temps cela arriverait.

Prince de Galles.

L'enfant est né lors d'une certaine fête religieuse appelée le jour de la Saint-Édouard, c'est pourquoi ils l'ont nommé Edward. Quelques mois après sa naissance , il fut nommé prince de Galles, et c'est sous ce titre seulement qu'il est connu dans l'histoire, car il ne devint jamais roi.

CHAPITRE XII.

Étranges revers.

Les circonstances du cas de la pauvre Margaret semblent avoir renversé toutes les conditions ordinaires du bonheur domestique. La naissance de son fils la plaça dans un état de danger extrême et terrible, tandis que l'éclatement immédiat de la tempête fut évité, et les souffrances qu'elle fut finalement appelée à endurer en conséquence furent différées pour un temps par ce qui Ce serait, dans des circonstances ordinaires, la pire des calamités possibles, la folie de son mari. Heureuse comme une reine, dit le proverbe, mais quelle moquerie du bonheur est-ce là, quand la naissance d'un enfant est une grande calamité domestique, dont les maux n'ont été qu'en partie évités, ou plutôt ajournés, par une bénédiction inattendue dans le monde. forme de la folie du mari et du père.

La folie du roi. Son état a été caché. La politique de Marguerite.

La santé d'Henry avait progressivement décliné pendant plusieurs mois avant la naissance du petit Edward. Les soucis et les inquiétudes de sa situation, qui devenaient souvent si extrêmes qu'ils le privaient de tout repos et de tout sommeil, devinrent finalement trop lourds à supporter, et son faible intellect finit par s'effondrer complètement sous eux. La reine fit tout ce qui était en son pouvoir pour cacher son état au peuple et même à la cour. C'était relativement facile à faire, car le dérangement n'était pas du tout violent dans sa forme. C'était une sorte de léthargie, un échec total des facultés mentales et presque de la conscience – qui ressemblait plus à une idiotie qu'à une manie. La reine l'emmena à Windsor, et là le garda étroitement enfermé, admettant qu'il était malade, mais cachant sa véritable situation autant qu'elle était en son pouvoir, et, en attendant , dirigeant le gouvernement en son nom, avec l'aide de Somerset et d'autres grands officiers de l'État, qu'elle a admis dans sa confiance. Le Parlement et le public étaient très inquiets face à cet état de choses. Le duc d'York préparait ses plans, et tout le monde était impatient de savoir ce qui allait arriver. Mais Marguerite ne permettrait à personne d'entrer dans la chambre du roi, sous quelque prétexte que ce soit, sauf à ceux qui étaient dans sa confiance et entièrement sous ses ordres.

Décès de l'archevêque. 1454. Une députation.

Enfin, environ deux mois après la naissance d'Édouard, le plus haut dignitaire de l'Église, l'archevêque de Cantorbéry, mourut. Cet événement, selon les anciens usages du royaume , donnait à la Chambre des Lords le droit d'envoyer une députation au roi pour lui présenter ses condoléances et s'assurer de ses vœux sur les mesures à adopter à cette occasion.

Ce comité se rendit donc à Windsor, et, comme ils le faisaient, sous l'autorité d'une ancienne coutume qui, en Angleterre, à cette époque, avait même plus que la force de la loi, on ne pouvait leur refuser l'admission. Ils trouvèrent le roi étendu, impuissant et inconscient, et ils ne purent obtenir de lui aucune réponse à ce qu'ils lui disaient, ni aucun signe que la moindre étincelle d'intelligence restait dans son esprit.

La politique du duc. Le duc est nommé régent.

Le comité a rapporté ces faits à la Chambre des Lords. Constatant la gravité de la maladie du roi, le parti du duc d'York décida d'attendre encore un peu. Il y avait une grande probabilité que le roi meure bientôt. La vie du petit fils était également très précaire. Il ne survivrait peut-être pas aux dangers de l'enfance, et dans ce cas, le duc d'York accéderait immédiatement au trône sans aucune lutte. Une sorte de compromis a donc été opéré. Le Parlement nomma le duc d'York protecteur et défenseur du roi pendant sa maladie, ou jusqu'à ce qu'Édouard, le jeune prince, atteigne l' âge convenable pour entreprendre le gouvernement. C'est à cette époque que le jeune Édouard fut nommé prince de Galles. L'attribution de ce titre a été confirmée par les deux chambres du Parlement. Ils décrétèrent ainsi solennellement que, même si le duc d'York devait exercer le gouvernement pendant la maladie du roi et de la minorité d'Édouard, le royaume devait néanmoins être réservé à Édouard en tant qu'héritier légitime, et il devait être mis en possession. du pouvoir souverain, soit comme régent au cas où son père continuerait à vivre jusque-là, soit comme roi si, entre-temps, il mourrait.

Les espoirs du duc.

Le duc d'York et ses amis adhérèrent à cet arrangement, dans l'espoir que le prince n'arriverait jamais à des années de discrétion, mais que, avant de nombreuses années, et peut-être avant plusieurs mois, le père et le fils mourraient. Il jugeait préférable, en tout cas, d'attendre tranquillement pendant un certain temps, d'autant plus que, pendant cette période d'attente, il était mis en possession d'une substance du pouvoir suprême.

Marguerite insatisfaite.

La reine Marguerite elle-même était extrêmement mécontente de l'arrangement par lequel le duc d'York était nommé régent, car cela la privait bien sûr de tout son pouvoir. Mais elle ne pouvait rien faire pour l'empêcher. En outre, son esprit était tellement rempli des sentiments et des affections maternelles que sa situation lui inspirait et des soins du petit enfant, qu'elle n'eut pendant un certain temps aucun cœur pour les querelles politiques.

Puis, en outre, le Parlement, en même temps qu'il nommait le duc d'York régent, et privait ainsi virtuellement la reine de son pouvoir, lui accorda une large rente, au moyen de laquelle elle serait en mesure de vivre, avec son fils, dans un état qui convient à son rang et à son ambition. L'un des motifs sans doute qui les poussait à agir ainsi était de l'engager à acquiescer à ce changement et à rester tranquille dans la position où ils la plaçaient ainsi.

Outre les subsides libéraux que le Parlement accordait à la reine, ils prévoyaient largement le maintien de la dignité et l'éducation du jeune prince. Entre autres choses, une commission de cinq médecins fut nommée pour veiller à sa santé.

Elle conclut à se soumettre.

Margaret fut d'autant plus facilement persuadée d'acquiescer à ces arrangements qu'elle croyait, comme elle le croyait, que l'état de choses auquel ils donneraient lieu serait de courte durée. Elle croyait pleinement que son mari se rétablirait, qu'alors la régence du duc d'York cesserait et que le roi — c'est-à-dire le roi de nom , mais elle-même en réalité — reviendrait au pouvoir. Elle a donc décidé d'attendre son heure.

L'établissement de la reine à Greenwich.

Elle se retira donc de Londres et créa son propre établissement dans son palais de Greenwich, où elle tenait sa cour et vécut dans un style de grandeur et de cérémonie qui aurait été approprié si elle avait été une reine régnante. Son ancien favori, Somerset, fut aussi d'abord l'un des principaux personnages de sa cour ; mais l'un des premiers actes de la régence du duc d'York fut de lancer un mandat d'arrêt contre lui. Les officiers, en exécutant ce mandat, l'arrêtèrent en présence même de la reine. Margaret était extrêmement furieuse de cet acte. Elle a déclaré qu'il s'agissait non seulement d'un acte d'hostilité politique, mais aussi d'une insulte. Elle était cependant totalement impuissante. Le duc d'York avait désormais le pouvoir et elle était obligée de se soumettre.

Ses soins envers Henry.

Mais elle n'était pas obligée de rester longtemps dans cette position humiliante. Elle procura à son mari les meilleurs conseils médicaux et les meilleurs soins possibles, et se dévoua à lui avec la plus grande assiduité, et enfin elle eut la satisfaction de voir qu'il commençait à s'amender. L'amélioration a commencé en novembre, environ huit ou dix mois après qu'il soit tombé dans un état d'inconscience. Quand enfin il revint à lui, il lui sembla, dit-il, comme s'il se réveillait d'un long rêve.

Récupération.

Margaret était ravie de voir ces signes de retour des renseignements. Elle aspirait au moment où elle pourrait montrer son fils au roi. Jusqu'à présent, il n'avait jamais vu l'enfant.

Le prince lui montra. Marques de retour à la conscience.

Nous obtenons une idée assez claire de l'état d'imbécillité ou d'inconscience dans lequel il mentait par le récit de ce qu'il a fait et dit lors de l'entretien où le petit prince a été amené pour la première fois en sa présence. C'est le suivant :

"Lundi, à midi, la reine est venue vers lui et a amené monseigneur le prince avec elle, puis il a demandé 'quel était le nom du prince', et la reine lui a dit 'Edward', puis il a levé les mains, et j'en ai remercié Dieu.

" Et il dit qu'il ne l'avait jamais connu jusqu'à ce moment-là, ni ce qu'on lui avait dit, ni où il avait été, pendant qu'il était malade, jusqu'à présent ; et il demanda qui étaient les parrains, et la reine lui dit : et il était bien content.

"Et elle lui dit que le cardinal était mort, [12] et il a dit qu'il n'en avait jamais eu connaissance jusqu'à ce moment-là ; puis il a dit que l'un des seigneurs les plus sages de ce pays était mort.

"Et mon seigneur de Winchester et mon seigneur de Saint-Jean de Jérusalem étaient avec lui le lendemain du douzième jour, et il leur parla aussi bien que jamais, et quand ils sortirent, ils pleurèrent de joie. Et il dit il est en charité avec le monde entier, et ainsi il voudrait que tous les seigneurs le soient. Et maintenant il dit matines de Notre-Dame et les chants du soir, et entend sa messe avec dévotion.

Le roi réintégra.

Dès que le roi put le supporter, Marguerite le fit transporter dans la Chambre des Lords, pour y reprendre l'exercice de ses pouvoirs royaux en prenant place sur le trône et en accomplissant quelque acte de souveraineté. La régence était, bien entendu, maintenant terminée, et le duc d'York, quittant Londres, partit pour la campagne en grande humeur.

La reine, bien sûr, revint au pouvoir. La première chose qu'elle fit fut de libérer Somerset de sa détention et de le réintégrer comme premier ministre de la couronne.

CHAPITRE XIV.

Beaucoup de problèmes. Des disputes en colère. Insubordination.

Pendant environ six ans après cette époque, c'est-à-dire depuis la naissance du prince Édouard jusqu'à l'âge de six ans, et tandis que Margaret avançait de sa vingt-quatrième à sa trentième année, sa vie était une anxiété, une dispute et une dispute continuelles. alarme. Le duc d'York et son parti faisaient des difficultés continuelles, et la querelle entre lui, le comte de Warwick et les autres nobles qui épousaient sa cause, d'un côté, et la reine, soutenue par le duc de Somerset et d'autres grands Lancastriens. les partisans, de l'autre, maintenaient le royaume dans une agitation constante. Parfois, la force de la querelle se perdait en intrigues, en manœuvres et en complots , ou en débats féroces et colériques au Parlement, ou en animosités et disputes amères dans la vie privée et sociale. À d'autres moments, la guerre dégénérait en guerre ouverte et, à maintes reprises, Margaret était obligée de laisser son enfant entre les mains de nourrices et de tuteurs, tandis qu'elle partait avec son pauvre mari sans défense suivre le camp, afin d'affronter et de surmonter le conflit. assemblées militaires que le duc d'York réunissait continuellement dans ses châteaux de campagne ou en rase campagne.

La santé du roi pendant toute cette période était si fragile, et son esprit, surtout à certaines époques, était si faible, qu'il était presque aussi impuissant qu'un enfant. Il y avait une teinte héréditaire de folie dans la famille, ce qui rendait son cas encore plus décourageant.

Modes d'amuser le roi. Les garçons chanteurs.

La reine Marguerite prenait la plus grande peine à l'amuser et à lui fournir des emplois qui occuperaient ses pensées d'une manière douce et apaisante. Lorsqu'elle voyageait à travers le pays, elle employait des ménestrels pour lui chanter et jouer ; et, afin d'avoir un approvisionnement constant de ces artistes et de les avoir bien formés à leur art, elle envoya des instructions aux shérifs des comtés de toutes les parties du royaume, leur demandant de rechercher tous les beaux garçons qui avaient de bonnes voix, et de les instruire dans l'art de la musique, afin qu'ils soient prêts, lorsqu'on y est invité, à se produire devant le roi. En attendant, ils devaient recevoir de bons salaires, et être considérés déjà, tout en recevant leur instruction, comme agissant sous la charge et au service de la reine.

Des pèlerinages simulés. Le roi réconforta.

Marguerite et les autres amis du roi inventaient diverses autres façons d'amuser et de réconforter son esprit, dont certaines n'étaient pas très honnêtes. L'une d'elles consistait, par exemple, à ce que différents nobles et messieurs viennent vers lui et lui demandent la permission de quitter le royaume pour aller faire des pèlerinages dans divers sanctuaires étrangers, afin d'accomplir leurs vœux et d'offrir des oblations et des prières pour la restauration de son la santé de majesté. Le roi était d'un état d'esprit très pieux, et ses pensées étaient habituées à s'attarder beaucoup sur des sujets religieux, et spécialement sur l'accomplissement des rites et des cérémonies habituels à cette époque, et cela semblait beaucoup le réconforter d'imaginer que ses amis allaient faire de si longs pèlerinages pour prier pour lui.

Ainsi les nobles et autres grands personnages lui demandaient son consentement pour partir, et lui prenaient congé solennellement comme s'ils partaient réellement, puis se tenaient hors de sa vue pendant un moment, jusqu'à ce que le pauvre patient ait oublié leur demande.

Un vrai pèlerinage.

On dit cependant qu'un noble, le duc de Norfolk, qui était un homme si bon qu'il se faisait appeler le Bon Duc, fit effectivement le pèlerinage à Jérusalem pour cette mission et y offrit des prières et supplications à la célèbre chapelle du Saint- Sépulcre pour le rétablissement de la santé de son souverain.

La pierre philosophale. Des trésors promis.

Ils amusaient aussi et égayaient l'esprit du roi en lui disant, de temps en temps, que la découverte de la pierre philosophale allait lui fournir des trésors de richesses inépuisables. La pierre philosophale était une substance imaginaire que les alchimistes de l'époque cherchaient sans cesse à découvrir, au moyen de laquelle le plomb , le fer et tous les autres métaux pouvaient être transformés en or. Il y avait des laboratoires royaux, et des alchimistes y travaillaient continuellement pour faire des expériences, et la reine avait l'habitude de rendre compte au roi de merveilleux récits des progrès qu'ils faisaient, et de lui dire que la découverte était presque terminée et que très bientôt il aurait dans son échiquier autant d'argent que son cœur pouvait le désirer. Le pauvre roi croyait pleinement à toutes ces histoires et était extrêmement heureux et satisfait de les entendre.

Intervalles de bonne santé.

Il y avait des moments pendant cet intervalle où le roi se portait assez bien, sa maladie étant quelque peu périodique dans son caractère. Ce fut le cas notamment une fois, peu après sa première guérison de l'état d' insensibilité totale dont nous avons parlé. Le duc d'York, comme nous l'avons déjà dit, fut très mis de mauvaise humeur par le rétablissement du roi à cette occasion, et par sa propre déposition de la charge de régent, et plus encore lorsqu'il découvrit que le premier acte qui L'action de la reine lors de sa reprise du pouvoir était de libérer son ennemi détesté, Somerset, de la prison où lui, le duc d'York, l'avait enfermé, et de le nommer à nouveau premier ministre. Très vite, il décida qu'il ne se soumettrait pas à cette indignité. Il rassembla une armée sur les frontières du Pays de Galles, où se trouvaient certains de ses principaux bastions, et adopta une attitude d'hostilité si provocante que le gouvernement de la reine résolut de prendre le terrain pour s'opposer à lui.

Restauration du Somerset. Les armées se sont rassemblées.

donc une armée, et le duc de Somerset, accompagné de la reine, emmenant le roi avec eux, partit de Londres et marcha vers le nord-ouest. Ils s'arrêtèrent d'abord à la ville de St. Alban's. [13] Lorsqu'ils furent sur le point de reprendre leur marche depuis Saint-Alban, ils virent que les collines devant eux étaient couvertes de bandes d'hommes armés, les forces du duc d'York, qu'il conduisait vers la capitale. Les forces de Somerset retournèrent immédiatement dans la ville. Margaret, qui fut un temps très affligée et perplexe de choisir entre son devoir envers son mari et envers son enfant, décida finalement de se retirer à Greenwich avec le petit prince et d'y attendre le résultat de la bataille, laissant le duc de Somerset seul. faire de son mieux avec le roi.

Saint-Alban. Les pourparlers.

Très vite, un héraut du duc d'York vint aux portes de Saint-Alban et demanda des pourparlers. Il dit que le duc n'avait pas pris les armes contre le roi, mais seulement contre Somerset. Il professait une grande loyauté et affection pour Henri lui-même, et souhaitait seulement le sauver des dangereux conseils d'un ministre corrompu et traître. Il dit que si le roi lui livrait Somerset, il dissoudrait immédiatement ses armées et la difficulté serait terminée.

Répondre.

On répondit que le roi déclarait qu'il perdrait sa couronne et sa vie avant de livrer à une telle exigence soit le duc de Somerset, soit même le moindre soldat de son armée.

Attaque de la ville. Terrible conflit.

Le duc d'York, à la réception de cette réponse, s'avança immédiatement pour attaquer la ville. Pendant quelque temps, les hommes d'Henri défendirent avec succès les murs et les portes contre lui, mais enfin le comte de Warwick, qui était le principal confédéré et partisan du duc d'York dans ce mouvement, passa avec un fort détachement par un autre chemin contournant une colline et traversant quelques jardins, et de là, en abattant le mur qui se dressait entre le jardin et la ville, il réussit à y pénétrer. Un terrible conflit s'ensuivit alors dans les rues et les ruelles étroites de la ville, et l'attention des assiégés fut ainsi attirée. loin des murs et des portes, le duc d'York réussit bientôt à se frayer un chemin à son tour.

Le roi fait prisonnier.

Les forces du roi Henri furent bientôt mises en déroute avec un grand massacre. Le duc de Somerset et plusieurs autres nobles éminents ont été tués. Le roi lui-même fut blessé par une flèche qui l'atteignit au cou alors qu'il se tenait sous sa bannière dans la rue, entouré de ses officiers. Quand ses serviteurs virent que la bataille se déroulait contre lui, ils l'abandonnèrent tous et s'enfuirent, le laissant seul près de sa bannière. Il resta ici tranquillement pendant quelque temps, puis se rendit dans un magasin voisin , où le duc d'York le trouva bientôt.

L'attitude du duc.

Dès que le duc fut en présence du roi, il s'agenouilla devant lui, le reconnaissant ainsi comme roi, et dit :

"Le traître et l'ennemi public contre lequel nous avons pris les armes est mort, et désormais il n'y aura plus de problèmes."

"Alors", dit le roi, "pour l'amour de Dieu, allez arrêter le massacre de mes sujets."

1457. Le roi se rendit à Londres.

Le duc envoya aussitôt l'ordre d'arrêter les combats, et, prenant le roi par la main, il le conduisit à l'abbaye de Saint-Alban, vénérable édifice monastique, très célèbre dans l'histoire de ces temps, et là le fit arrêter. transporté à son appartement. Le lendemain, il l'emmena à Londres. Il lui rendit d'ailleurs toutes les marques extérieures d'hommage et d'obéissance, mais le roi restait pratiquement son prisonnier.

Le désespoir de Margaret.

La pauvre reine Margaret était tout ce temps à Greenwich, attendant dans le plus grand suspense et l'anxiété la nouvelle de la bataille. Quand enfin la nouvelle arriva que la bataille avait été perdue, que le roi avait été blessé et qu'il était maintenant pratiquement prisonnier entre les mains de son ennemi abhorré et détesté, elle fut plongée dans un état de désespoir complet, tant de sorte qu'elle resta quelques heures dans une sorte de stupeur, comme si tout était maintenant perdu, et qu'il était inutile et désespéré de continuer la lutte plus longtemps.

La blessure du roi. La reine et le prince.

Cependant elle reprit enfin ses esprits et recommença à réfléchir à ce qu'il y avait à faire. Cependant, la perspective qui s'offrait à elle semblait devenir de plus en plus sombre. La fatigue et l'excitation qu'avait éprouvées le roi, jointes aux effets de sa blessure, qui ne semblait pas disposée à guérir, provoquèrent une rechute. Le duc d'York semble avoir estimé que le moment n'était pas encore venu pour lui de tenter de faire valoir ses prétentions au trône. Il se contenta de montrer la condition du roi aux membres du Parlement, de manière à décider ce corps à le nommer de nouveau protecteur. Lorsqu'il eut ainsi repris possession du pouvoir, il remit le roi aux soins de la reine, et l'envoya avec lui et le petit prince à la campagne.

Grande réconciliation. 1458. Méfiance mutuelle.

Une des circonstances les plus extraordinaires qui se produisirent au cours de ces années anxieuses et troublées fut une fameuse réconciliation qui eut lieu autrefois entre les parties à cette grande querelle. C'était à l'époque où l'Angleterre était menacée d'une invasion française. La reine Marguerite proposa une grande réunion de tous les seigneurs et nobles des deux côtés, pour convenir de certaines conditions de pacification par lesquelles la querelle intestine qui divisait et distrayait le pays pourrait être guérie, et la voie préparée pour tourner leurs forces unies contre l'ennemi. . Mais il était très dangereux de tenter de rassembler ces dirigeants turbulents . Ils n'avaient aucune confiance les uns dans les autres, et aucun d'entre eux ne serait prêt à venir au congrès sans être accompagné d'une grande force armée de partisans et de serviteurs, pour le défendre en cas de violence ou de trahison. Finalement, il fut convenu de nommer le lord-maire de Londres pour maintenir la paix entre les différentes parties, et, pour lui permettre de le faire efficacement, il fut doté d'une force de dix mille hommes. Ces hommes étaient des volontaires élevés parmi les citoyens de Londres.

Réunion des nobles.

Lorsque l'heure de la réunion fut arrivée, les différents dirigeants arrivèrent vers Londres, chacun à la tête d'un corps de serviteurs. Un homme est venu avec cinq cents hommes, un autre avec quatre cents et un autre avec six cents, tous vêtus d'un uniforme avec des manteaux écarlates. Un autre noble, représentant la grande famille Percy, arrivait à la tête d'un corps de mille cinq cents hommes, tous ses serviteurs personnels, et chacun d'eux prêt à se battre n'importe où et contre n'importe qui , au moment où leur seigneur féodal lui donnerait. le mot.

Bandes armées.

Ces différents chefs, chacun à la tête de ses troupes, arrivaient à Londres à l'heure convenue, et s'établissaient dans différents châteaux et places fortes dans et autour de la ville, comme autant de souverains indépendants se réunissant pour négocier un traité de paix.

Disputes et débats.

Ils passèrent deux mois entiers dans des disputes et des débats, au cours desquels les invectives les plus féroces, les criminations et les récriminations les plus furieuses furent continuellement prononcées des deux côtés. Enfin, chose merveilleuse à raconter, ils parvinrent à un accord. Tous les points en litige furent réglés, un traité fut signé, et il en résulta une grande réconciliation, c'est-à-dire une prétendue réconciliation.

Le traité.

Cette réunion fut convoquée vers le milieu de janvier, et le 24 mars l'accord fut finalement conclu, ratifié et scellé solennellement du grand sceau. Il contenait une grande variété d'accords et de spécifications, qu'il n'est pas nécessaire de récapituler ici, mais lorsque tout fut conclu, il y eut une grande cérémonie publique en commémoration de l'événement.

Procession.

Lors de cette célébration, le roi et la reine, portant leurs couronnes et leurs robes royales, ont marché en procession solennelle jusqu'à la cathédrale Saint-Paul de la ville. Ils étaient suivis par les principaux pairs et prélats marchant deux à deux ; et, afin d'exposer au public les témoignages et les gages les plus parfaits de la plénitude et de la sincérité de cette grande réconciliation, il fut arrangé que ceux qui s'étaient le plus amèrement hostiles les uns aux autres dans les dernières querelles seraient mis ensemble pendant qu'ils marchaient. . Ainsi, immédiatement derrière le roi, qui marchait seul, venaient la reine et le duc d'York marchant ensemble, main dans la main, comme s'ils étaient dans les termes les plus affectueux imaginables, et ainsi avec les autres.

Simulation de réconciliation.

Les citoyens de Londres et de vastes foules d'autres personnes venues des villes environnantes pour assister au spectacle se joignirent à la célébration en formant des lignes le long des rues au passage du cortège et en saluant les couples réconciliés par de longues et bruyantes acclamations. ; et la nuit venue, ils illuminaient toute la ville avec des illuminations de leurs maisons et des feux de joie dans les rues.

Se battre à nouveau.

Environ un an plus tard, les parties à cette grande pacification se battaient les unes contre les autres avec plus de férocité et de fureur que jamais.

Le Petit Prince et ses Cygnes.

Le voyage du prince. Les petits cygnes.

À une certaine époque, lorsque le petit prince avait environ six ans, la reine fit des progrès royaux à travers certains comtés de l'intérieur du pays, apparemment pour améliorer la santé du roi par le changement d'air, par la douceur de l'exercice et par les agréables récréations offertes. par un voyage, mais en réalité, dit-on, pour intéresser les nobles et les gens du pays par où elle passait à sa cause, et surtout à celle du petit prince, qu'elle prit en cette occasion pour montrer à tout le peuple. sur son parcours. Elle avait adopté pour lui l'emblème de son illustre ancêtre Édouard III, qui était un *cygne* ; et elle lui avait fait fabriquer un grand nombre de petits cygnes d'argent, qu'il devait présenter aux nobles et gentilshommes, et à tous ceux qui étaient admis à une audience personnelle, dans les villes par où il passait. C'était un garçon beau et brillant, et il offrait ces petits cygnes aux gens qui l'entouraient avec une grâce si douce et charmante, que tous ceux qui le voyaient étaient inspirés des sentiments d'intérêt et d'affection les plus chaleureux pour lui.

La guerre éclate à nouveau.

Peu de temps après, la guerre éclata de nouveau entre les deux grands partis rivaux, et prit une tournure telle qu'elle priva bientôt le roi Henri de sa couronne. Les événements qui ont conduit à ce résultat seront relatés dans le chapitre suivant.

CHAPITRE XV.

Margaret une fugitive.

1459. La bataille de Blore Heath. Les ordres de la reine.

Au cours de l'été 1459, un an après la grande réconciliation décrite dans le dernier chapitre, deux vastes armées, appartenant respectivement aux deux partis, qui s'étaient progressivement rassemblées depuis longtemps, se rassemblèrent en un endroit appelé Blore Heath, [14] dans le Staffordshire, au coeur de l'Angleterre. Une grande bataille s'ensuivit. Pendant la bataille, Henry gisait dangereusement malade dans la ville de Coleshill, non loin de là. Margaret était à Maccleston , un autre village très proche du champ de bataille. Depuis la tour de l'église de Maccleston , elle surveillait la progression du combat. Salisbury était à la tête du parti de York. Les troupes de Margaret étaient commandées par Lord Audley. Quand Audley la quitta pour aller au combat, elle lui ordonna sévèrement de lui amener Salisbury, mort ou vif.

Décorations.

Audley avait dix mille hommes sous ses ordres. Les soldats étaient tous ornés de rosaces rouges, symbole de la maison de Lancastre. Les officiers portaient sur leur uniforme de petits cygnes argentés, tels que ceux que le prince Edward avait distribués.

Bataille perdue.

La reine observa le déroulement de la bataille avec une intense anxiété, et bientôt, à sa grande consternation et consternation, elle vit que cela allait contre elle. Elle gardait les yeux fixés sur la bannière d'Audley, et quand enfin elle la vit tomber, elle comprit que tout était perdu. Elle descendit précipitamment de la tour et, accompagnée de quelques amis, elle s'enfuit pour sauver sa vie vers une forteresse appartenant à ses amis et qui n'était pas très éloignée.

Faible état du roi.

Le roi dut également être destitué pour éviter qu'il ne soit fait prisonnier. Il était cependant trop faible pour savoir grand-chose ou pour réfléchir à ce qui se passait. Lorsqu'ils vinrent le prendre sur son grabat pour l'emmener, il leva les yeux et demanda faiblement « qui avait eu la chance », mais au-delà de cela, il ne montra aucun signe d'intérêt pour les événements importants qui se déroulaient.

Esprit et caractère de la reine. 1460. Succès de ses efforts.

Cette défaite, au lieu de produire un effet décourageant et décourageant sur l'esprit de Margaret, ne servit qu'à lui redonner une vigueur et une détermination nouvelles. Elle avait été quelque peu timide et craintive au début de ses ennuis, lorsqu'elle n'avait qu'un mari à qui penser et dont prendre soin. Mais maintenant, elle avait un fils ; et l'instinct maternel semblait agir dans son cas, comme il l'a fait dans tant d'autres, pour la rendre intrépide, désespérée et, en fin de compte, presque féroce, pour protéger sa progéniture du mal et pour maintenir ses droits. Elle s'engagea immédiatement avec le plus grand zèle et la plus grande ardeur dans la levée d'une nouvelle armée. Elle n'en confiait le commandement à aucun général, mais en dirigeait elle-même toutes les opérations. Il n'y a pas de place pour décrire en détail les campagnes qui ont suivi, mais le résultat a été une victoire complète. Ses ennemis furent, à leur tour, entièrement vaincus, et les deux grands chefs, le duc d'York et le comte de Warwick, furent de fait chassés du royaume. Le duc d'York se retira en Irlande, et le comte de Warwick traversa le détroit du Pas de Calais jusqu'à Calais, qui était encore en possession anglaise et une grande station navale et militaire.

Le comte de Warwick. Son avance réussie.

Cependant, très peu de temps après, Warwick revint avec une force armée importante, qu'il avait organisée à Calais, et débarqua dans la partie sud de l'Angleterre. Il marcha vers Londres, emportant tout devant lui. C'était maintenant au tour de son parti de remporter la victoire ; car, par l'action de cet étrange principe qui semble régler les hauts et les bas des partis politiques opposés dans tous les pays et à toutes les époques, la victoire alterne entre eux avec presque la régularité d'un pendule. Le courant du sentiment populaire, qui s'était si fortement orienté en faveur de la cause de la reine à peine un an auparavant, semblait être maintenant entièrement en faveur de ses ennemis. Tout le monde se rassembla sous l'étendard de Warwick alors qu'il marchait vers le nord depuis la côte vers Londres, et à Londres, les gens ouvrirent les portes de la ville et le reçurent lui et ses troupes comme s'ils avaient été une armée de libérateurs.

Northampton. Le roi fait captif.

Warwick ne tarda pas longtemps à Londres. Il marcha vers le nord à la rencontre des troupes de la reine. Une autre grande bataille eut lieu à Northampton. Margaret observait la progression du combat depuis une éminence non loin de là. La journée a joué contre elle. Le résultat de la bataille fut que le pauvre roi fut fait prisonnier une seconde fois et transporté en triomphe à Londres.

Les ravisseurs, cependant, le traitèrent avec beaucoup de considération et de respect, non comme leur ennemi et comme leur prisonnier, mais comme leur souverain, sauvé par eux des mains des traîtres et des ennemis. Le moment n'était même pas encore venu pour le parti d'York d'avouer ouvertement son intention de destituer le roi. Ils le transportèrent donc à

Londres et l'y logèrent dans le palais, où il fut entouré de tous les emblèmes et marques de la royauté, mais néanmoins étroitement enfermé.

Le Parlement convoqué. Le roi.

Le duc d'York convoqua alors un Parlement, agissant bien entendu au nom du roi, c'est-à-dire exigeant que le roi signe les brefs et autres documents nécessaires. Ce n'est qu'en octobre que le Parlement s'est réuni. Pendant l'intervalle, le roi fut logé dans un lieu de campagne non loin de Londres, où tous les efforts furent faits pour lui permettre de passer son temps agréablement, en lui donnant l'occasion de chasser, de s'amuser et de se recréer avec d'autres divertissements de plein air. . Cependant, pendant tout ce temps, une stricte surveillance fut exercée sur lui pour empêcher qu'il ne s'échappe ou que les amis de la reine ne viennent secrètement l'emmener.

Quant à la reine et au petit prince, personne ne savait ce qu'ils étaient devenus.

Les prétentions du duc.

Lorsque le Parlement se réunit, une scène très extraordinaire se produisit dans la Chambre des Lords, dans laquelle le duc d'York était l'acteur principal, et qui provoqua une grande sensation. Jusqu'à présent, il n'avait présenté aucune prétention réelle au trône au nom de sa branche de la famille, mais dans toutes les hostilités dans lesquelles il avait été engagé contre les troupes du roi, son objectif avait été , comme il l'avait toujours dit : non pas pour s'opposer au roi, mais seulement pour le sauver, en le séparant des mauvaises influences qui l'entouraient. Mais il commençait maintenant à être un peu plus audacieux .

Le duc vient au Parlement.

En conséquence, lorsque le Parlement se réunit, il entra à Londres à la tête d'une garde du corps de cinq cents cavaliers et avec l'épée de l'État devant lui, comme s'il était le plus grand personnage du royaume. Il se rendit directement à Westminster et, arrêtant ses hommes en grand défilé devant les portes de la salle où était assemblée la Chambre des Lords, il y entra.

Scène à la Chambre des Lords.

Il s'avança directement à travers la salle jusqu'à l'estrade surélevée au bout sur laquelle était placé le trône. Il monta les marches et se dirigea vers le trône, sous le regard solennel de toute l'assemblée, pour voir ce qu'il allait faire. Certains s'attendaient à ce qu'il prenne place sur le trône et assume ainsi immédiatement la position selon laquelle il était le véritable et légitime souverain de l'Angleterre. Il ne l'a cependant pas fait. Il resta quelques minutes près du trône, la main sur le tissu cramoisi qui le recouvrait, comme s'il hésitait s'il devait ou non s'asseoir, ou peut-être attendant que ses partisans lui disent qu'il devait le faire. Mais pendant plusieurs minutes, personne ne prononça un mot. Enfin l'archevêque de Cantorbéry, qui était à certains égards le personnage le plus élevé de la Chambre des Lords, lui demanda s'il voudrait aller rendre visite au roi, qui se trouvait alors dans un appartement voisin. Il répondit d'un ton hautain :

"Je ne connais personne dans ce royaume dont le devoir n'est pas plutôt de me rendre visite que d'attendre que je lui rende visite."

Son air hautain.

Il se tourna ensuite et sortit fièrement de la maison.

Le raisonnement d'Henry.

Bien qu'il s'abstienne ainsi de s'asseoir réellement sur le trône, il était évident que le moment approchait rapidement où il ferait ouvertement valoir ses droits sur le trône, et certains des pairs, pensant peut-être qu'Henri pourrait être amené pacifiquement à céder, consultèrent lui à ce sujet, lui demandant lequel, à son avis, avait le meilleur titre à la couronne, lui-même ou le duc d'York.

A cette question Henry répondit :

"Mon père était roi; son père était roi. J'ai moi-même porté la couronne pendant quarante ans, depuis mon berceau. Vous m'avez tous juré fidélité en tant que votre souverain, et vos pères ont fait de même envers mon père et mon grand-père. Comment, alors, peut- on contester ma prétention ? »

Contestation des réclamations.

Ce qu'Henry a dit était vrai. La couronne appartenait à sa branche de la lignée royale depuis trois générations et depuis plus d'un demi-siècle, pendant lequel la nation entière avait acquiescé à leur domination. La prétention du duc d'York remontait à une période antérieure à tout cela, mais il soutenait qu'elle était néanmoins légitime et valable.

Décision de la question.

S'ensuivit une série de délibérations et de négociations, dont le résultat fut une décision de la part du Parlement selon laquelle le duc d'York et ses successeurs avaient réellement droit à la couronne, mais que, par voie de compromis, ils ne devaient pas être en forme qui leur a été transférée jusqu'après la mort d'Henry. Tant qu'il continuerait à vivre, il serait nominalement roi, mais le duc d'York devait gouverner en tant que régent et, à la mort d'Henri, la couronne lui reviendrait.

Le duc était satisfait de cet arrangement, et la première chose à faire, pour qu'il soit bien exécuté, était de mettre en sa possession le petit prince, ainsi que le roi Henri ; car il savait bien que, même s'il se débarrassait du vieux roi et s'établissait en possession du trône, il ne pourrait avoir ni paix ni tranquillité en sa possession tant que le petit prince et sa mère seraient en possession du trône. en général.

La reine ordonna de revenir.

donc le moyen d'inciter le roi à signer un mandat ordonnant à la reine de venir à Londres et d'amener le prince avec elle. Ce mandat, elle était tenue d'y obéir immédiatement, sous peine, en cas de désobéissance, d'être jugée coupable de trahison.

Des officiers furent immédiatement envoyés dans toutes les directions à la recherche de la reine, afin de lui remplir ce mandat, mais elle était introuvable.

CHAPITRE XVI.

MARGUERITE TRIOMPHANTE.

Des revers soudains.

Il s'ensuivit ensuite une série de revers très rapides et soudains, par lesquels l'un des partis, puis l'autre, devinrent alternativement vainqueurs et vaincus, par des changements de fortune des plus extraordinaires.

A la fin de la bataille décrite dans le dernier chapitre, Margaret se retrouve, avec le petit prince, un fugitif impuissant. Il n'y avait que huit personnes pour l'accompagner dans sa fuite, et elles étaient si sans défense, et la condition sauvage et anarchique du pays était telle, qu'on disait que son groupe avait été arrêté alors qu'il se dirigeait vers le Pays de Galles, et que la reine avait été volée. de tous ses bijoux et autres objets de valeur. Elle et le prince auraient très probablement été faits prisonniers et envoyés à Londres, si, pendant que les maraudeurs étaient occupés à leur pillage, elle n'avait pas réussi à s'échapper.

Retraite en Écosse. La reine rentre en Angleterre. Succès.

Elle resta très peu de temps au Pays de Galles, puis se rendit par mer en Écosse, où son parti, et elle-même personnellement, avaient des amis puissants . Grâce à l'aide de ces amis, et sous l'influence de l'esprit indomptable et de la résolution dont elle faisait preuve, elle reçut bientôt une nouvelle force. À la tête de cette force , elle franchit la frontière avec l'Angleterre. Les gens semblaient partout plaindre ses malheurs, et ils étaient si frappés de l'énergie et du courage qu'elle déployait pour lutter contre eux et pour braver les terribles dangers qui l'entouraient pour défendre les droits de son mari et de son enfant, qu'ils affluèrent en masse. à son étendard de toutes parts, et ainsi huit jours après que le mandat fut émis de Londres lui ordonnant de se rendre prisonnière, elle apparut dans les environs de la ville d'York, la ville la plus grande et la plus forte de tout le nord. d'Angleterre, à la tête d'une force écrasante.

Mouvement du duc.

Le duc d'York fut stupéfait lorsque cette nouvelle lui parvint à Londres. Il n'y avait pas un instant à perdre. Il partit immédiatement avec toutes les troupes qu'il pouvait commander et marcha vers le nord à la rencontre de la reine. En même temps, il envoya l'ordre aux autres chefs de son parti, dans différentes parties de l'Angleterre, de se diriger le plus rapidement possible vers le nord et de l'y rejoindre.

Bataille de Wakefield. Mort du duc d'York.

Le duc lui-même arriva le premier dans le voisinage de l'armée de la reine, mais il ne crut pas être assez fort pour l'attaquer, et il décida en conséquence d'attendre que ses renforts arrivent. La reine s'avança avec une force bien supérieure à sa rencontre. Les deux armées se réunirent près de la ville de Wakefield, et ici, après un certain délai, pendant lequel la reine défiait continuellement le duc de sortir de ses murs et de ses fortifications pour aller à sa rencontre, et le défiait et se moquait de beaucoup de railleries et de reproches, un une grande bataille fut finalement livrée. Les troupes de Margaret furent victorieuses. Deux mille des cinq mille soldats du duc furent laissés morts sur le terrain, et le duc lui-même fut tué !

Le cœur de Margaret fut rempli de l'exultation et de la joie les plus folles lorsqu'elle apprit que son ennemi invétéré et détesté était enfin mort. Elle pouvait à peine retenir son enthousiasme. L'un des nobles de son parti, Lord Clifford, dont le père avait été tué lors d'une bataille précédente dans des circonstances de grande atrocité, coupa la tête du duc de son corps et la porta à Margaret au bout d'une pique. Elle fut un instant horrifiée par ce spectacle épouvantable et détourna la tête ; mais elle ordonna finalement que la tête soit placée sur un poteau sur les murs de York, à la vue de tous les spectateurs.

Meurtre de son fils.

Un jeune fils du duc, le comte de Rutland, alors âgé d'environ douze ans, fut également tué, ou plutôt massacré, sur le champ de bataille, après la fin du combat, alors qu'il tentait de s'échapper, sous les ordres du duc. sous la garde de son précepteur, dans un château voisin, où il aurait été en sécurité. C'était le château de Sandal. C'était une place très forte et appartenait au parti du duc d'York. Le pauvre garçon fut abattu sans pitié par le même Lord Clifford dont nous avons déjà parlé, malgré tout ce que son précepteur pouvait faire pour le sauver.

Les cruautés de Margaret. Son exultation.

D'autres meurtres des plus atroces furent commis à la fin de cette bataille. Le comte de Salisbury fut décapité, et sa tête fut placée sur une pique sur les murs d'York, à côté de celle du duc. Margaret était presque hors d'elle face aux résultats de cette victoire. Ses armées triomphantes, le grand chef du parti de ses ennemis, l'homme qui avait été pendant des années sa terreur et son tourment, tué, et tous ses principaux confédérés soit tués, soit faits prisonniers, et rien ne semble maintenant l'empêcher de marcher. en triomphe à Londres, libérant son mari de son esclavage et prenant possession complète et incontestée du pouvoir suprême, il semblait, en ce qui concerne la perspective qui s'offrait maintenant à elle, n'avoir plus rien à désirer.

Meurtre de l'enfant de Richard.

CHAPITRE XVII.

Un nouveau revers.

Aussi brillants que fussent les espoirs et les perspectives de Margaret après la bataille de Wakefield, quelques mois suffisèrent pour impliquer à nouveau sa cause dans les ténèbres et les ténèbres les plus profondes. La bataille de Wakefield et la mort du duc d'York eurent lieu vers la fin décembre 1460. En mars, trois mois plus tard, Margaret était exilée d'Angleterre, mise hors la loi par le pouvoir suprême du royaume et placée sous une telle interdiction qu'il était interdit à tout le peuple anglais d'avoir aucune communication avec elle.

Réaction. Chef du duc d'York.

Ce résultat fatal fut dû, dans une large mesure, à la réaction dans l'esprit de la population du pays, qui résulta des cruautés choquantes perpétrées par elle et par son parti après la bataille de Wakefield. Les récits de ces transactions se répandirent dans le royaume et éveillèrent un sentiment universel de dégoût et d'horreur. On raconte que lorsque Lord Clifford porta la tête du duc d'York à Margaret sur la pointe d'une lance, suivi d'une foule d'autres chevaliers et nobles, il lui dit :

"Regardez, madame ! La guerre est finie ! Voici la rançon pour le roi !"

Alors tous les spectateurs poussèrent un cri d'exultation et commencèrent à montrer du doigt l'horrible tête, avec des moqueries et des rires moqueurs. Ils avaient mis une couronne de papier sur la tête, ce qui, selon eux, produisait un effet comique. La reine, quoiqu'elle détournât d' abord la tête, se retourna bientôt vers l'horrible trophée, et se moqua avec les autres de l'effet ridicule produit par la couronne de papier.

Le pays était sous le choc. La férocité de Margaret.

Le meurtre également de l'enfant innocent, le fils cadet du duc, produisit une grande et très puissante sensation dans tout le pays. La reine, même si elle n'avait peut-être pas commandé cet acte, s'en rendait néanmoins complice en le louant et en s'en réjouissant. La haine féroce dont elle était animée contre toute la famille de son ennemi déchu était également démontrée par une autre circonstance, et c'est que lorsqu'elle commandait les deux têtes, à savoir celle du duc d'York et celle du comte d'York. Salisbury, pour être placée sur les murs de la ville, elle ordonna qu'un espace soit laissé entre elles pour deux autres têtes, dont l'une devait être celle d'Edward, le fils aîné du duc d'York, qui était encore en vie, non ayant été présent à la bataille de Wakefield, et qui, bien entendu, héritait désormais du titre et des prétentions de son père.

L'héritier du duc. Édouard.

Ce jeune Édouard avait alors environ dix-neuf ans. Son titre avait été jusqu'ici celui de comte de March, et il deviendrait, bien entendu, maintenant duc d'York, seulement s'il choisissait d'assumer celui de roi d'Angleterre. C'était un jeune homme d'une grande énergie de caractère, et il était soutenu, bien entendu, par tout le parti de son père, qui lui transféra désormais son allégeance. En effet, leur zèle à son service était redoublé par le terrible ressentiment et la soif de vengeance que les cruautés de la reine éveillaient dans leurs esprits. Edward se mit immédiatement en mouvement avec toutes les troupes qu'il pouvait commander. Il se trouvait dans l'ouest de l'Angleterre au moment de la mort de son père et il commença immédiatement à se diriger vers la côte afin d'intercepter Margaret dans sa marche vers Londres.

Bataille à Saint-Alban. Warwick vaincu. Henri a abandonné.

En même temps, le comte de Warwick s'avança de Londres même vers le nord pour rencontrer la reine, emmenant avec lui le roi, qui était jusqu'alors resté à Londres. Les armées de Warwick et de la reine se rapprochèrent non loin de Saint- Alban, avant que le jeune duc d'York n'arrive, et une bataille désespérée fut livrée. L'armée de Warwick était composée principalement d'hommes rassemblés à la hâte à Londres, et ils ne faisaient pas le poids face aux soldats expérimentés et robustes que Margaret avait amenés avec elle de la frontière écossaise. Ils furent entièrement vaincus. Ils combattirent toute la journée, mais la nuit ils se dispersèrent dans toutes les directions, et dans la précipitation et la confusion de leur fuite, ils laissèrent derrière eux le pauvre roi.

Est enregistré.

Pendant la bataille, Margaret ne savait pas que son mari était au sol. Mais la nuit, dès que les gardiens d'Henri l'eurent abandonné, un fidèle serviteur resté avec lui courut dans le camp de Marguerite, et y trouvant l'un des nobles qui commandait, il l'informa de la situation du roi. Le noble en informa immédiatement la reine, et elle, ravie de la nouvelle, s'enfuit vers l'endroit où reposait son mari, et, en le trouvant, ils s'embrassèrent avec les marques d'affection et de joie les plus passionnées.

L'abbaye.

Marguerite amena le petit prince pour lui être présenté, puis ils se rendirent tous ensemble à l'abbaye de Saint-Alban, où des appartements leur furent fournis. Mais ils se rendirent d'abord à l'église, pour rendre publiquement grâces de la délivrance du roi.

Ils furent reçus à la porte de l'église par l'abbé et les moines, qui les accueillirent par des hymnes de louange et d'action de grâce à leur approche. Les cérémonies terminées, ils se rendirent dans les appartements de l'abbaye qui leur avaient été prévus, avec l'intention de consacrer quelques jours au calme et au repos.

Grande excitation.

Pendant ce temps, l'excitation continuait et augmentait dans tout le pays. La reine perpétra de nouvelles cruautés, ordonnant l'exécution de tous les principaux dirigeants de l'autre camp tombés entre ses mains. Elle a éloigné l'esprit du peuple de sa cause en n'empêchant pas ses troupes de piller ; et, afin d'obtenir de l'argent pour subvenir aux dépenses de son armée et pour lui fournir des vivres, elle fit des réquisitions dans les villes qu'elle traversait, et harcela autrement les habitants du pays par des amendes et des confiscations.

Les gens s'alarmèrent.

Le peuple fut enfin si exaspéré par ces procédés autoritaires et par l'esprit furieux et vindicatif que Margaret manifestait dans tout ce qu'elle faisait, que le courant tourna entièrement en faveur du jeune duc d' York . Les forces dispersées de son parti furent rassemblées. Ils commencèrent bientôt à prendre une apparence si formidable que Margaret jugea qu'il serait préférable pour elle de se retirer de nouveau vers le nord. Elle emmena bien sûr avec elle le roi et le prince de Galles.

Avance d'Édouard.

Au même moment, Édouard, le jeune duc d'York, s'avançait vers Londres. La ville entière était excitée au plus haut point à son approche. Une grande assemblée de citoyens déclara qu'Henri ne devait plus régner, mais qu'ils auraient Edward pour roi.

Londres.

Quand Édouard arriva à Londres, il fut reçu par toute la population comme son libérateur. Un grand conseil des nobles et des prélats fut convoqué et, après des délibérations solennelles, Henri fut destitué et Édouard fut déclaré roi.

Deux jours après, une grande procession fut formée, à la tête de laquelle Édouard se rendit royalement à Westminster et prit place sur le trône.

Bataille de Towton .

Margaret a fait un autre effort désespéré pour récupérer la fortune de sa famille par une bataille menée à un endroit appelé Towton . Cette bataille s'est déroulée dans une tempête de neige. C'était une journée horrible. Le parti de Margaret fut entièrement vaincu et près de trente mille d'entre eux furent laissés morts sur le terrain.

Vol de la reine.

Dès que le résultat fut connu, Margaret, emmenant avec elle son mari, son enfant et un petit groupe de serviteurs, s'enfuit vers le nord. Elle s'arrêta peu de temps au château d' Alnwick , [15] place forte appartenant à un de ses amis ; mais, constatant que les forces opposées se renforçaient chaque jour et avançaient vers elle, et que le pays en général devenait de plus en plus disposé à prêter allégeance au nouveau roi, elle conclut qu'il ne serait pas prudent pour elle de rester en Angleterre.

Alnwick .

Ainsi, emmenant avec elle son mari et le petit prince, ainsi que quelques serviteurs personnels, elle quitta Alnwick et traversa la frontière de l'Écosse, fugitive et exilée, et sans espoir apparemment de pouvoir jamais rentrer en Angleterre.

CHAPITRE XVIII.

Un cousin royal.

1461. Marguerite en Ecosse. Ses amis.

Dès que Marguerite s'est enfuie en Écosse, loin d'être découragée par ses malheurs, elle a immédiatement commencé à concerter des mesures pour lever une nouvelle armée et retourner en Angleterre, en vue de faire un effort supplémentaire pour récupérer le trône de son mari. Elle savait, bien sûr, qu'il existait un grand nombre de nobles et de citoyens du pays qui étaient encore fidèles à la cause de son mari et qui seraient prêts à se rallier à son étendard chaque fois qu'il apparaîtrait. Tout ce qu'il lui fallait, c'était d'abord le noyau d'une armée, et un début assez réussi pour entrer dans le pays. Il y avait des chevaliers et des nobles, et un grand nombre d'hommes, prêts partout à la rejoindre dès qu'elle paraîtrait, mais ils n'étaient nulle part assez forts pour commencer un mouvement sous leur propre responsabilité.

Le prince.

Une des mesures qu'elle adopta pour renforcer ses intérêts auprès de la famille royale d'Écosse fut de négocier un mariage entre le jeune prince, alors âgé de sept ans , et une princesse écossaise. Elle réussit à arranger ce mariage sous conditions, mais elle se rendit compte qu'elle ne pouvait pas lever de troupes pour une seconde invasion de l'Angleterre.

Messagers envoyés en France.

Entre- temps , elle avait envoyé trois nobles comme messagers en France, pour voir ce qu'on pouvait faire dans ce pays. La France était sa patrie, et le roi d'alors, Charles VII, était son oncle. Elle avait donc de fortes raisons d'espérer y trouver aide et sympathie. Cependant, vers la fin de l'été, elle reçut de deux de ses messagers à Dieppe une lettre peu encourageante.

Leur lettre.

La lettre commençait par dire, de la part des messagers, qu'ils avaient déjà écrit à Marguerite trois fois auparavant ; une fois par le retour du navire appelé le *Carvel*, dans lequel ils allèrent en France, et deux fois de Dieppe, où ils se trouvaient alors, mais toutes les lettres devaient essentiellement communiquer la même mauvaise nouvelle, à savoir que le roi, son oncle , était morte, et que sa cousine avait succédé au trône, mais que le nouveau roi ne semblait pas du tout disposé à considérer sa cause favorablement. Ses officiers de Dieppe avaient fait saisir tous leurs papiers et les porter au roi, et celui-ci avait enfermé un d'entre eux au château de Arques , qui est située à peu de distance de Dieppe. Il avait apparemment été empêché d'emprisonner les deux autres parce qu'ils avaient reçu un sauf-conduit qui les protégeait.

En outre, les auteurs de la lettre conseillaient à la reine de garder bon courage et lui conseillaient, pour le moment, de rester tranquillement là où elle était. Elle ne devait pas, disaient-ils, s'aventurer elle-même, ou le petit prince, sur la mer pour tenter de venir en France, à moins qu'elle ne se trouve exposée à un grand danger en restant en Écosse. Ils voulaient qu'elle avertisse également le roi, qu'ils supposaient être à cette époque en secret au Pays de Galles, car ils avaient entendu dire que le comte de March - ils ne voulaient pas l'appeler roi d'Angleterre, mais le désignaient toujours par son ancien nom - était aller au Pays de Galles avec une armée pour le chercher.

Leurs métiers et leurs promesses.

Ils dirent en conclusion que dès qu'ils seraient mis en liberté, ils se présenteraient immédiatement chez la reine en Écosse. Seule la mort les empêcherait de la rejoindre, et ils espéraient et croyaient sincèrement qu'ils ne seraient pas appelés à rencontrer la mort jusqu'à ce qu'ils aient la satisfaction de revoir son mari le roi et elle-même en paisible possession de leur royaume.

Mais le lecteur aimera peut-être parcourir la lettre elle-même dans les mots dans lesquels elle a été écrite. C'est un très bon spécimen de la forme sous laquelle la langue anglaise était écrite à cette époque, bien qu'elle semble aujourd'hui très pittoresque et démodée. C'était le suivant :

La lettre elle-même.

" MADAME , S'il vous plaît, votre bon Dieu, nous avons, depuis notre arrivée ici, écrit trois fois à Votre Altesse : une fois par le carvel dans lequel nous sommes venus, les deux autres de Dieppe. Mais, Madame, c'était une seule chose en substance, vous mettant au courant de la mort de votre oncle, que Dieu assoil, et comment nous avons été arrêtés, et que nous faisons encore. Mais mardi prochain, nous rendrons visite au roi, votre cousin allemand. Ses commissaires, au premier de notre séjour, prirent toutes nos lettres et écrits, et je les portai au roi, laissant mon seigneur de Somerset en garde au château d' Arques , et mon camarade Whyttingham et moi (car nous avions un sauf-conduit) dans la ville de Dieppe, où nous sommes encore.

"Madame, n'ayez crainte, mais rassurez-vous, et prenez garde de ne pas risquer votre personne, ni monseigneur le prince, par mer, jusqu'à ce que vous ayez d'autres nouvelles de notre part, à moins que votre personne ne puisse être sûre de l'endroit où vous êtes, et qu'elle soit extrême. c'est par nécessité que vous en serez conduits.

" Et, pour l'amour de Dieu, que l'altesse du roi en soit informée ; car, comme nous le savons, le comte de March est au Pays de Galles par terre et y a envoyé sa marine par mer.

" Et, Madame, pensez en vérité, dès que nous serons délivrés, nous viendrons directement à vous, à moins que la mort ne nous prenne en chemin, ce que nous espérons qu'il ne fera pas tant que nous n'aurons pas revu le roi et vous en paix dans votre royaume ; le que nous supplions Dieu de voir bientôt et de vous envoyer ce que Votre Altesse désire ... Écrit à Dieppe le 30 août 1461.

"Vos vrais sujets et hommes de loi,
" HUNGERFORD ET WHYTTINGHAM .

Fidélité. Le suspense. Le roi Louis XI.

Margaret resta tout l'hiver en Écosse, s'efforçant anxieusement de trouver des moyens de reconstruire sa fortune déchue. Mais tout fut en vain ; aucune lumière ni aucun espoir ne sont apparus. Enfin, lorsque le printemps parut, elle résolut d'aller elle-même en France et de voir le roi son cousin, dans l'espoir que, par sa présence à la cour et son influence personnelle sur le roi, quelque chose pourrait être fait.

Le roi, son cousin, avait été son compagnon de jeu dans leur enfance. Il était le fils de Marie, la sœur de son père René. Mary et René étaient très attachés l'un à l'autre et les enfants avaient été élevés ensemble. Margaret espérait maintenant qu'en la revoyant dans son état actuel de solitude et d'impuissance, son ancienne amitié pour elle reviendrait et qu'il ferait quelque chose pour l'aider.

Besoin de fonds. Gratitude. Voyage en France.

Elle était cependant entièrement dépourvue d'argent, et il lui aurait été très difficile de trouver les moyens de se rendre en France, sans la gentillesse d'un marchand français qui résidait en Écosse et qu'elle avait connu autrefois. années à Nancy, en Lorraine, où elle lui avait rendu quelques services. Le marchand avait depuis acquis une grande fortune dans les opérations commerciales qu'il dirigeait entre l'Écosse et les Flandres. Dans sa prospérité, il n'oublia pas les bontés qu'il avait reçues de la reine dans les années précédentes, et, maintenant qu'elle était dans le besoin et dans la détresse, il s'avança promptement pour la secourir. Il lui fournit les fonds nécessaires à son voyage et lui fournit un navire pour la transporter, elle et ses accompagnateurs, jusqu'aux côtes de France. Elle a navigué du port de Kirkcudbright, sur la côte ouest de l'Écosse, et a ainsi traversé la mer d'Irlande et le canal de Saint-Georges, évitant ainsi complètement le détroit de Douvres, où elle aurait couru le risque d' être interceptée par les Anglais. -de guerre.

Elle emmena le jeune prince avec elle. Il a été jugé préférable de laisser le roi derrière lui.

1462. Fonds épuisés.

Le nombre des personnes dépendantes de la reine était si grand, et leurs besoins si urgents, que tous les fonds que le marchand français lui avait fournis furent épuisés à son arrivée en France. Elle découvrit en outre que les trois amis, les nobles qu'elle avait envoyés en France l'été précédent et de qui elle avait reçu la lettre que nous avons citée, avaient quitté ce pays et étaient allés la chercher en Écosse. Ils s'étaient pourvus d'un vaisseau dans lequel ils comptaient emmener la reine d'Écosse et la conduire dans un lieu sûr, sans savoir qu'elle s'était elle-même embarquée pour la France. Ils ont dû croiser en chemin le vaisseau de la reine, à moins, en effet, ce qui est très probablement le cas, qu'ils n'aient remonté la Manche et traversé le détroit du Pas de Calais, prenant ainsi une route tout autre que celle choisie par la reine.

Manqué par ses amis.

Lorsqu'ils atteignirent l'Écosse, ils restèrent longtemps sur la côte, tâchant de trouver une occasion de communiquer secrètement avec elle ; mais enfin ils apprirent qu'elle était partie.

Elle va en France.

Entre -temps , Marguerite, arrivée en France, emprunta de l'argent au duc de Bretagne, dans les domaines duquel il semblerait qu'elle débarqua pour la première fois. Avec cet argent, Marguerite subvenait aux besoins les plus pressants de son parti et prenait également des dispositions pour poursuivre son voyage à la campagne, jusqu'à la ville de Normandie où résidait alors son cousin le roi.

Louis XI., cousin de Marguerite.

Louis XI.

On raconte qu'en arrivant à la cour du roi et en obtenant l'admission auprès de Sa Majesté, Marguerite prit le jeune prince par la main, et, se jetant aux pieds de son cousin, elle le supplia, avec beaucoup de larmes, de prendre avoir pitié de sa condition abandonnée et misérable, ainsi que de celle de son malheureux mari, et de l'aider dans ses efforts pour récupérer son trône.

Mais le roi, avec une véritable cruauté royale, resta insensible à sa détresse et ne manifesta aucune disposition à épouser sa cause.

Négociations.

Quelques négociations s'ensuivirent cependant, à l'issue desquelles le roi promit de lui prêter une somme d'argent, moyennant contrepartie. La contrepartie était qu'elle lui céderait le port et la ville de Calais, qui étaient encore aux mains des Anglais et qui étaient considérés comme un bien très important et très précieux, ou bien elle lui rendrait le double de l'argent qu'elle avait emprunté.

Hypothèque de Calais.

donc pas d'une vente absolue de Calais, mais seulement d'une hypothèque que la reine exécuta. Mais néanmoins, dès que cette transaction fut connue en Angleterre, elle excita une grande indignation dans tout le pays et nuisit gravement à la cause de la reine. Le peuple l'accusait d'être prête à aliéner les biens de la couronne, biens dont l'acquisition avait coûté tant de sang et de trésors.

Sécurité douteuse.

Bien entendu, la garantie que le roi avait obtenue pour son emprunt était d'un caractère quelque peu douteux, pour l'acte d'hypothèque de Calais de Marguerite, bien qu'elle l'ait donné au nom du roi Henri et qu'elle ait pris soin d'y déclarer qu'elle était expressément autorisée par lui à y parvenir, n'avait aucune force tant qu'Édouard d'York régnait en Angleterre et était reconnu par le peuple comme le roi légitime. Ce n'est que si Margaret réussissait à récupérer le trône pour son mari que l'hypothèque pourrait prendre effet. L'acte qu'elle a exécuté stipulait que, dès que le roi Henri serait rétabli dans son royaume, il nommerait l'une des deux personnes nommées, en qui le roi de France avait confiance, comme gouverneur de la ville, avec autorité pour la livrer. au roi de France dans un an, au cas où elle ne rendrait pas dans ce délai le double de la somme empruntée.

Conditions.

Il semblait penser que, compte tenu du grand risque qu'il prenait, cent pour cent par an n'était pas une usure exorbitante.

CHAPITRE XIX.

Margaret trouve une amie.

Margaret a trouvé une amie en France, qui semble avoir épousé sa cause par sentiment d'attachement sincère et désintéressé à son égard. Il s'agissait d'un certain chevalier nommé Pierre de Brezé . [16] C'était un officier de haut rang dans le gouvernement de Normandie, et un homme d'une influence très considérable parmi les personnages distingués de cette époque.

Carte de la frontière écossaise.

Récit de Brézé . Il entre au service de la reine.

Margaret l'avait connu intimement plusieurs années auparavant. Il fut nommé l'un des commissaires du côté français pour négocier, avec Suffolk et les autres, les conditions du mariage de Margaret, et il avait pris une part très importante aux tournois et autres célébrations qui avaient lieu en l'honneur du mariage avant Margaret. a quitté sa terre natale. Lorsqu'il vit maintenant la pauvre reine revenir en France exilée, sans amis, sans ressources et presque sans espoir, l'intérêt qu'il avait éprouvé pour elle les années précédentes se ranima. On dit qu'il est tombé amoureux d'elle. Quoi qu'il en soit, il est certain que la grande beauté de Marguerite dut avoir une influence très importante pour approfondir le sentiment de compassion que les malheurs de la pauvre fugitive étaient si bien faits pour inspirer. Quoi qu'il en soit, Brezé entra aussitôt au service de la reine avec beaucoup d'enthousiasme. Il amena avec lui une force de deux mille hommes. Avec cette armée et avec l'argent qu'elle avait emprunté au roi Louis, Marguerite résolut de faire une nouvelle tentative pour reconquérir le royaume de son mari.

Les projets de Marguerite.

Enfin, au mois d'octobre 1462, cinq mois après son arrivée en France, elle appareilla avec un petit nombre de vaisseaux, contenant les soldats que Brézé lui avait fournis. Son projet était de débarquer dans le nord de l'Angleterre, car c'était dans cette partie du pays que les amis de la ligne Lancaster étaient les plus nombreux et les plus puissants.

Elle va en Angleterre.

Le gouvernement du roi Édouard connaissait quelque chose de ses projets, ou, du moins, les soupçonnait, et ils stationnèrent une flotte pour la surveiller et l'intercepter. Elle parvint cependant à leur échapper et atteignit les côtes d'Angleterre en toute sécurité.

Vol précipité.

La flotte s'approcha du rivage à Tynemouth , mais les canons des forts étaient pointés contre elle et il lui fut interdit de débarquer. Elle réussit cependant, soit à cet endroit, soit en quelque autre point de la côte, à effectuer un débarquement ; mais elle fut si tôt menacée d'une attaque par une grande armée dont elle entendit approcher, sous le commandement du comte de Warwick, que les troupes françaises s'enfuirent précipitamment vers leurs navires, laissant Marguerite, le prince, Brezé et quelques autres. qui lui est resté fidèle, à terre. Ainsi abandonnées, Margaret et son groupe furent contraints de se retirer également. Ils s'embarquèrent à bord d'un bateau de pêcheur, qui était le seul moyen de transport qui leur restait, et se rendirent ainsi à Berwick, ville qui était en possession de ses amis.

Une tempête. Navires détruits. Île sainte.

Ils mirent longtemps à atteindre Berwick, étant retenus par une tempête. La tempête, cependant, a causé à Margaret un préjudice bien plus grave qu'une simple détention. Les navires dans lesquels les soldats français s'étaient enfuis furent capturés par lui au large d'une chaîne de falaises rocheuses situées entre Tynemouth et Berwick, dont la plus saillante s'appelle Bamborough Head. Les navires furent poussés sur les rochers et les îles rocheuses qui s'étendaient le long du rivage, et là, brisés en morceaux par la mer qui roulait sur eux du large. Tous les magasins, provisions et munitions de guerre que Marguerite avait apportés de France et qui constituaient presque sa seule ressource pour poursuivre la guerre, furent perdus. La plupart des hommes se sauvèrent et s'enfuirent vers une île voisine, appelée Holy Island. Mais ici, ils furent peu après attaqués par un corps de troupes yorkistes et coupés en morceaux.

L'évasion de Margaret.

Margaret atteignit enfin Berwick sur son bateau de pêche, apportant ces terribles nouvelles à ses amis là-bas. On pourrait supposer que le dernier espoir de pouvoir récupérer sa fortune perdue serait maintenant éteint et qu'elle sombrerait dans un désespoir total et absolu.

Son esprit renaît. Bataille d' Hexham . L'évasion du roi.

Mais ce n'était pas dans la nature de Margaret de désespérer. Plus la pression du malheur et l'hostilité de ses ennemis pesaient sur elle, plus l'esprit de résistance qu'ils éveillaient en elle était féroce et déterminé . Dans ce cas, au lieu de céder au découragement et au découragement, elle commença aussitôt à prendre des mesures pour rassembler une nouvelle force, et l'ardeur et l'énergie qu'elle déployait inspira autour d'elle une partie de sa confiance et de son zèle. Une nouvelle armée fut levée pendant l'hiver. Très tôt au printemps, elle prit le terrain, et une série d'opérations militaires s'ensuivirent, au cours desquelles villes et châteaux furent pris et repris, et des escarmouches se livrèrent tout le long de la frontière écossaise. Enfin, les forces en conflit furent concentrées près d'un endroit appelé Hexham , et une bataille générale s'ensuivit. L'armée de la reine fut vaincue. Le roi, qui était dans la bataille, échappa de justesse. Il s'enfuit à cheval (car lorsqu'il était en bonne santé physique , il était un excellent cavalier), mais il fut si vivement poursuivi que trois de ses gardes du corps furent capturés.

On mentionne que l'un des hommes ainsi capturés portait le bonnet d'État du roi, qui était brodé de deux couronnes d'or, l'une représentant le royaume d'Angleterre et l'autre celui de France, titre auquel les souverains anglais prétendaient encore attribuer revendication, en vertu de leurs anciennes possessions étendues là-bas, bien que presque toutes, à l'exception de la ville de Calais, soient désormais perdues.

Peut-être que les poursuivants du groupe du roi ont été trompés par ce bonnet royal et ont pris celui qui le portait pour le roi. Quoi qu'il en soit, l'officier qui portait la casquette fut arrêté et le roi s'enfuit.

Le danger de la reine.

Immédiatement après la victoire sur le terrain d' Hexham , un corps des troupes yorkistes fit irruption dans le camp où la reine était cantonnée, et où, avec le jeune prince, elle attendait le résultat de la bataille. Dès que la reine s'aperçut que l'ennemi arrivait, elle s'empara du prince et s'enfuit avec lui, dans une terreur mortelle, dans un bois voisin. Elle savait bien que si l'enfant était enlevé, il serait certainement tué. En effet, une œuvre si sanglante avait été accomplie des deux côtés, avec des assassinats et des exécutions au cours de l'année précédente, que les esprits étaient dans le plus haut état d'exaspération ; et il est probable que Marguerite elle-même et l'enfant auraient été massacrés sur place s'ils étaient restés dans le camp jusqu'à ce que les troupes victorieuses y entrent.

Échappée belle. Son vol. Les voleurs.

Dès que Marguerite eut atteint le bois, elle s'engagea dans les sentiers les plus obscurs et les plus solitaires qu'elle put trouver, ne pensant qu'à échapper à ses poursuivants, qui, dans sa frayeur, l'imaginaient les suivre de près. Enfin, après avoir erré de cette manière pendant quelque temps, elle rencontra dans le bois une compagnie d'hommes, qui étaient soit une bande régulière de voleurs, soit tentés de devenir des voleurs à cette occasion par la richesse de la tenue vestimentaire de l'étranger. , et par les articles de bijoux et autres décorations qu'elle portait ; car, bien que les moyens de Margaret fussent extrêmement limités, elle conservait encore, dans une certaine mesure, l'allure et les nominations d'une reine.

Une évasion.

Les hommes l'arrêtèrent aussitôt et commencèrent à la piller, elle et le prince, de tout ce qu'ils pouvaient leur prendre et qui paraissait avoir de la valeur. Dès qu'ils furent en possession de ce butin , ils commencèrent à se quereller entre eux. Marguerite resta debout à proximité, dans une grande anxiété et détresse, jusqu'à ce que, profitant de l'occasion, elle prenne le prince dans ses bras et s'enfuit dans les bosquets voisins.

Seul dans les bois.

Elle courut aussi vite qu'elle pouvait jusqu'à ce qu'elle se croyait hors de portée des voleurs, puis chercha un endroit dans la partie la plus dense du bois où elle pourrait se cacher, avec l'intention d'y rester jusqu'à la nuit. Son plan était alors de sortir du bois et d'errer ainsi jusqu'à ce qu'elle arrive à la résidence de quelqu'un de ses amis, dont elle pouvait espérer qu'elle l'hébergerait et la cacherait.

Nuit.

Elle resta donc dans sa cachette jusqu'au soir, puis, ayant récupéré dans une certaine mesure, par cet intervalle de repos, de l'excitation, de la fatigue et de la terreur qu'elle avait endurées, elle ressortit dans un sentier, menant le petit Edward par la main. La lune brillait, ce qui lui permettait de voir où aller.

Un inconnu apparaît.

Après avoir erré quelque temps, elle fut alarmée par l'apparition d'un homme de grande taille, armé, qui apparut soudain dans le sentier, à peu de distance devant elle. Elle n'avait aucun doute sur le fait qu'il s'agissait d'un autre voleur. Il était trop tard pour qu'elle puisse tenter de s'enfuir. Il était trop près pour lui laisser une chance de s'échapper. Dans cette extrémité, elle conçut l'idée de se jeter sur sa générosité comme son dernier et unique espoir. Alors elle s'avança hardiment vers lui, conduisant le petit prince par la main, et lui dit en lui présentant le prince :

L'appel de Margaret à l'étranger.

"Mon ami, voici le fils de ton roi ! Sauve-le !"

La grotte du hors-la-loi.

L'homme parut étonné. En un instant, il posa son épée aux pieds de Margaret en signe de soumission à elle, puis lui proposa immédiatement de la conduire, elle et le prince, dans un lieu sûr. Il lui a également expliqué qu'il était l'un de ses amis. Il avait été ruiné par la guerre et chassé de chez lui, et était maintenant, comme la reine elle-même, un vagabond et un fugitif. Il avait pris possession d'une grotte dans le bois et y vivait désormais avec sa femme comme un hors-la-loi. Il conduisit Marguerite et le prince à la grotte, où ils furent reçus par sa femme et reçus avec l'hospitalité qu'une maison si sombre et si inconfortable pouvait offrir.

Marguerite à la grotte.

Margaret est restée habitante de cette grotte pendant deux jours. L'endroit est connu encore aujourd'hui sous le nom de Margaret's Cave. Il se trouve dans un endroit très isolé au bord d'un petit ruisseau. Le terrain qui l'entoure est aujourd'hui ouvert, mais à l'époque de Margaret, il se trouvait au milieu de la forêt. L'entrée de la grotte est très basse. À l'intérieur, il est suffisamment haut pour qu'un homme puisse se tenir debout. Il mesure environ trente-quatre pieds de long et deux fois moins de large. Il semblerait qu'il ait été autrefois divisé par un mur en deux appartements séparés.

Margaret s'y cachait. Un ami trouvé. La colère de Margaret s'est transformée en chagrin.

Pendant deux jours, Marguerite resta dans la grotte, souffrant bien sûr d'un suspense et d'une anxiété extrêmes, étant dans une grande sollicitude d'avoir des nouvelles de ses amis, des nobles et des généraux qui avaient été vaincus avec elle dans la bataille. Son hôte fit des enquêtes diligentes, bien que secrètes, mais ne put obtenir aucune nouvelle. Enfin, le matin du troisième jour, au grand soulagement et à la joie infinie de Margaret, il arriva, emmenant avec lui De Brezé lui-même, avec son écuyer, dont le nom était Barville , et un gentleman anglais qui s'était échappé avec De Brezé de la bataille. , et depuis, il errait avec lui, cherchant partout la reine. Margaret fut pour le moment ravie de revoir ces amis, mais à son exultation fut bientôt succédé le plus profond chagrin en entendant les terribles récits qu'ils faisaient de la mort de ses amis les plus proches, dont certains avaient été tués dans la bataille, et d'autres avaient été tués. ont été faits prisonniers et cruellement exécutés immédiatement après. Jusqu'à présent, malgré tous les dangers et les souffrances qu'elle avait endurés depuis la bataille, elle avait été soit dans un état de stupeur, soit remplie de ressentiment et de rage contre ses ennemis, et elle n'avait pas versé une larme ; mais maintenant le chagrin de la perte de ces chers et fidèles amis semblait remplacer toutes les autres émotions, et elle pleura longtemps comme si son cœur allait se briser.

Marguerite apprit cependant par ses amis que le roi s'était enfui et qu'il se trouvait probablement dans un lieu sûr, ce qui lui apporta une grande consolation. On pensait que le roi avait réussi à se frayer un chemin vers l'Écosse.

Ils quittent la grotte.

Au cours de la journée, l'un des hommes qui accompagnaient Brezé se rendit dans les villages voisins pour voir s'il pouvait apprendre de nouvelles nouvelles, et peu de temps après il revint emmenant avec lui plusieurs nobles de haut rang et princes de la lignée lancastrienne. . Margaret se sentit très soulagée de trouver son groupe ainsi renforcé, et tout le groupe fut bientôt pris par tout le groupe pour que Margaret quitte la grotte avec eux et s'efforce d'atteindre la frontière écossaise , qui n'était pas beaucoup plus, en ligne directe, que trente mètres. à des kilomètres d'où ils se trouvaient.

Générosité du hors-la-loi.

Avant de quitter la grotte, Margaret exprima ses remerciements très sincères au hors-la-loi et à sa femme pour leur gentillesse en les recevant, elle et le petit prince, dans leur grotte et en faisant tant pour leur confort pendant leur séjour, même si ce faisant, ils non seulement Ils empiétaient beaucoup sur leurs maigres moyens de subsistance, mais couraient également un risque très sérieux en hébergeant un tel fugitif. Ayant tout pillé par les voleurs du bois, elle n'avait plus que des remerciements à rendre à ses aimables protecteurs. Les nobles qui l'accompagnaient offraient de l'argent à la femme du hors-la-loi, car il leur restait encore une petite somme d'argent, mais elle ne voulait pas le recevoir. Ils auraient besoin de tout ce qu'ils avaient, dit-elle, pour eux-mêmes avant d'atteindre l'Écosse.

La gratitude de la reine.

La reine fut très émue de cette générosité, et elle dit que de tout ce qu'elle avait perdu, il n'y avait rien qu'elle regrettait autant que le pouvoir de récompenser une telle bonté.

Le voyage. Le voyage à Kirkcudbright.

En quittant le bois d' Hexham , le groupe, au lieu de se diriger vers le nord, directement vers la frontière de l'Écosse, conclut son voyage vers l'ouest jusqu'à Carlisle, avec l'intention de prendre le passage par eau de cet endroit à travers Solway jusqu'à Kirkcudbright, le port d'où Margaret avait navigué. quand elle est allée en France. [17] Ils furent obligés de prendre beaucoup de précautions en parcourant le pays pour ne pas être découverts. Le groupe se composait de Marguerite et du jeune prince, accompagnés de Brézé et de son écuyer, ainsi que de l'homme des cavernes, qui connaissait le pays et lui servait de guide. Ils atteignirent Carlisle en toute sécurité et s'embarquèrent là à bord d'un navire qui les fit descendre le Firth et les débarqua à Kirkcudbright.

Son anxiété.

Bien que maintenant hors d'Angleterre, Marguerite ne se sentait pas beaucoup plus à l'aise qu'auparavant, car pendant son absence en France un traité avait été conclu entre le roi Édouard et le roi d'Écosse qui empêcherait ce dernier de l'héberger ouvertement dans ses domaines ; elle fut donc obligée de se cacher étroitement.

CHAPITRE XX.

Ils sont découverts. Un enlèvement.

Margaret n'était pas restée longtemps à Kirkcudbright avant d'être aperçue accidentellement par un homme qui la connaissait. Cet homme était un Anglais. Il s'appelait Cork. Il était du parti Yorkiste. Il ne dit rien en voyant la reine, mais il prit aussitôt la résolution de s'emparer d'elle et de tout son parti, de les transporter en Angleterre et de les livrer au roi Édouard. Il trouva un moyen de mettre ce complot à exécution. Il s'empara de Brézé et de son écuyer, ainsi que de la reine et du prince, et les transporta pendant la nuit à bord d'un bateau, après les avoir d'abord ligotés et bâillonnés, pour les empêcher de résister ou de pousser des cris. Il semble que De Brezé n'était pas avec la reine lorsqu'il fut emmené, et comme il faisait nuit lorsqu'ils furent mis à bord du bateau, et qu'aucun des deux ne pouvait parler, aucune des parties ne sut que les autres étaient là jusqu'au matin, alors qu'ils étaient loin. loin du rivage, dans la grande partie de la baie de Solway.

De Brezé .

Dans la nuit, cependant, De Brezé , qui était un homme d'adresse et d'une grande force personnelle, ainsi que d'une bravoure inébranlable, parvint à se libérer de ses liens, ainsi qu'à libérer son écuyer, sans que les bateliers sachent ce qu'il avait. avait fait. Puis, le matin, guettant une bonne occasion, ils se levèrent ensemble sur les bateliers, s'emparèrent des rames, et, après une violente lutte, au cours de laquelle ils faillirent renverser le bateau, ils réussirent finalement à tuer quelques-uns des hommes. et en jetant les autres par-dessus bord. Ils libérèrent immédiatement Margaret et le prince, puis tentèrent de se diriger vers le rivage.

Ballotté dans Solway Firth.

Après avoir été secoué pendant quelque temps dans le golfe ou Firth de Solway, le bateau fut emporté par le vent à travers le chenal du Nord sur plus de soixante milles, et finalement fut jeté sur un banc de sable près de la côte de Cantyre , un célèbre promontoire s'étendant dans la mer dans cette partie de l'Écosse. Le bateau heurta à quelque distance de la terre ferme, et la mer roulait si fort sur lui qu'il y avait danger de le briser en morceaux ; De Brezé prit donc la reine sur ses épaules et, pataugeant dans l'eau, la conduisit jusqu'au rivage. Barville , l'écuyer, portait le prince de la même manière. Ils étaient donc à nouveau en sécurité sur terre .

Ils atterrissent en Ecosse.

Ils trouvèrent la côte sauvage et aride, et le pays désolé ; mais cela avait au moins un avantage, c'était que la reine risquait peu d'être reconnue ; car, comme l'exprime un des historiens de Marguerite, les paysans étaient si ignorants qu'ils ne pouvaient concevoir qu'une personne puisse être reine si elle n'avait pas une couronne sur la tête et un sceptre à la main.

Arrivée au hameau.

Ils montèrent tous un peu dans le pays et trouvèrent enfin un petit hameau, où Margaret décida de rester avec le prince jusqu'à ce que de Brezé puisse se rendre à Édimbourg et apprendre quelle était l'état du pays, et ainsi lui permettre de considérer quelle voie suivre.

Le rapport que De Brezé rapporta à son retour était très décourageant. Margaret, cependant, en entendant cela, décida d'aller elle-même à Édimbourg pour voir ce qu'elle pouvait faire. Elle a constaté, à son arrivée, que le gouvernement n'était pas disposé à faire quoi que ce soit de plus pour elle. Ils lui fourniraient les moyens, disaient-ils, si elle le voulait, de rentrer tranquillement en Angleterre, en vue d'y chercher refuge chez quelques-uns de ses amis, mais c'était tout ce qu'ils pouvaient faire.

Margaret atteint Bamborough .

Margaret retourna donc en Angleterre et resta quelque temps dans le grand château de Bamborough , qui était toujours entre les mains de ses amis. Elle essaya ici de trouver un moyen de rassembler ses partisans dispersés et de faire un nouveau rassemblement, mais elle découvrit que cet objectif ne pouvait pas être atteint. Ainsi, toutes les ressources qui pouvaient être fournies par la France, l'Écosse ou l'Angleterre pour sa cause défaillante semblaient épuisées, et, après avoir tourné les yeux dans toutes les directions pour demander de l'aide, elle décida de traverser l'océan allemand jusqu'en Flandre, pour voir si elle pourrait y trouver de la sympathie ou du secours.

Elle navigue vers les Flandres. Une tempête.

Comparé au nombre de personnes qui l'accompagnaient lors de sa fuite vers l'Écosse, le cortège d'amis et de partisans qui l'accompagnait dans cette retraite sur le continent était assez nombreux, bien qu'il soit probable que la plupart de cette compagnie l'accompagna assez souvent. autant pour leur propre compte que pour celui de la reine. Le groupe au complet comptait environ deux cents personnes. Ils s'embarquèrent de Bamborough à bord de deux navires, mais très peu de temps après avoir quitté la terre, une tempête éclata, et les deux navires furent séparés l'un de l'autre, et pendant douze heures celui que Margaret et le prince avaient pris fut en danger imminent d'être détruit. être débordé. Le vent s'est élevé jusqu'à devenir un parfait ouragan, et personne ne s'attendait à pouvoir s'échapper.

Le duc de Bourgogne.

Finalement, cependant, le vent s'apaisa de manière à permettre au navire d'entrer dans un port ; non pas le port de leur destination, cependant, mais un port situé loin au sud de celui-ci, dans un territoire appartenant à Philippe, duc de Bourgogne, entre qui et Marguerite avait eu, pendant toute la vie de Marguerite, une inimitié héréditaire et implacable. Margaret était très alarmée de se retrouver ainsi à la merci d'une personne qu'elle considérait comme l'un de ses ennemis les plus mortels.

Générosité du duc.

Mais, à sa grande surprise, le duc, dès qu'il apprit son arrivée dans le pays, eut pitié de son malheur, oublia toute son ancienne inimitié et la traita de la manière la plus généreuse. Il n'était pas à Lille, sa capitale, lorsqu'elle arriva, mais il envoya son fils la recevoir et la conduire à la capitale, avec toutes les marques de respect possibles. Lorsqu'elle alla ensuite rencontrer le duc, celui-ci envoya une garde d'honneur pour l'escorter, et lorsqu'elle arriva à sa cour, qui était alors au lieu appelé Saint-Pol, il la reçut d'une manière très distinguée. et prépara de grands divertissements et festivités pour lui faire honneur.

Il lui rendit aussi des services encore plus substantiels, en lui fournissant d'abondantes réserves de fonds pour tous ses besoins immédiats. Il donna à chacune des dames qui l' accompagnaient cent écus, à Brezé mille écus, et à Marguerite elle-même un ordre de dix mille écus sur son trésorier.

La gratitude de René.

Le roi René, le père de Marguerite, fut très touché de cette générosité et de cette gentillesse de la part de son vieil ennemi familial. Lui-même, à cette époque, était complètement dénué de ressources et ne pouvait rien faire pour soulager sa fille. Il écrivit cependant une lettre de remerciements chaleureux à Philippe, dans laquelle il déclarait qu'il n'avait pas mérité et ne s'attendait pas à une telle gentillesse de sa part.

Un exemple rare.

Nous avons, dans la conduite du duc de Bourgogne en cette occasion, un exemple unique et solitaire, parmi tous les chevaliers, nobles et princes chrétiens qui figurent dans cette longue et mélancolique histoire de discorde, de cruauté et de crime, dans laquelle la règle du Sauveur : Pardonnez à vos ennemis, faites du bien à ceux qui vous haïssent, a été cordialement obéie ; et quels fruits heureux en résultèrent immédiatement pour tous les concernés ! Combien d'effusions de sang et de souffrances qui ont prévalu pendant ces temps sombres auraient été évitées si ceux qui prétendaient être des disciples du Christ avaient été réellement ce qu'ils prétendaient.

Margaret part en Lorraine.

Grâce à l'argent que Marguerite obtint du duc de Bourgogne, elle put poursuivre son voyage dans un certain confort jusqu'à l'ancienne maison de son enfance en Lorraine. Tout ce que son père pouvait faire pour elle, c'était de lui fournir un humble refuge dans un château à Verdun, sur la rivière Moselle qui traverse la province. Elle s'y rendit, accompagnée d'un petit nombre de fidèles, et y resta, complètement isolée du monde et presque oubliée, pendant sept longues années.

Le prince. Mauvaise nouvelle du roi. Sa vie épargnée.

Pendant tout ce temps, elle appréciait le réconfort et la satisfaction d'avoir son fils, le prince, avec elle, et de suivre sa progression vers l'âge adulte sous sa propre responsabilité et celle d'un ou deux hommes accomplis qui adhéraient toujours à elle et qui l'aidaient. elle dans l'éducation de son garçon. Mais elle était désespérément séparée de son mari. Pendant longtemps, elle ne sut pas ce qu'il était devenu. Pendant ce temps , il menait une vie très précaire et errante en Angleterre, allant de cachette en cachette, là où ses amis pouvaient le plus commodément le cacher. Enfin, cependant, la lourde nouvelle parvint à la reine, dans sa retraite de Verdun, que son mari avait été trahi dans une de ses retraites, et avait été arrêté et transporté à Londres comme prisonnier d'une manière très ignominieuse. Il fallait s'attendre à ce qu'il soit immédiatement mis à mort ; mais, pour des raisons de politique, le parti d'York ne jugeait pas préférable de procéder à cette extrémité, d'autant plus que tous ses droits royaux seraient immédiatement retombés sur son fils, entre les mains duquel, avec une telle mère pour l'aider, ils auraient devenu plus redoutable que jamais. Ainsi, à bien des égards, il était préférable pour ses ennemis de laisser le vieux roi vivre.

Cruautés. Des hommes torturés.

Mais des précautions très particulières furent prises par le gouvernement du roi Édouard pour empêcher Margaret et le jeune prince de revenir en Angleterre. Une garde côtière était établie tout au long du rivage, et toute personne en Angleterre soupçonnée d'être en communication avec la reine exilée était surveillée et gardée de la manière la plus étroite possible. Certains ont été torturés et mis à mort pour tenter de les forcer à remettre des lettres ou des papiers censés être en leur possession. Un certain riche marchand de Londres fut accusé de trahison et très sévèrement puni, simplement parce qu'on lui avait demandé de prêter de l'argent à Margaret et, bien qu'il refusât de faire le prêt, il n'informa pas les autorités de la demande qui avait été faite. à lui.

Grande fidélité.

Entre autres exemples de la cruauté choquante dont étaient coupables les dirigeants au pouvoir, dans leur haine envers Margaret et sa cause, on raconte qu'un homme, qui fut découvert, comme ils le pensaient, alors qu'il tentait de transmettre des lettres entre Margaret et certains de ses amis en Angleterre, ont été mis en pièces avec des pinces chauffées au rouge dans une tentative infructueuse de lui faire avouer qui étaient en Angleterre les personnes à qui les lettres étaient destinées. Mais il supporta le supplice jusqu'au bout et mourut sans trahir le secret.

CHAPITRE XXI.

LA RÉCONCILIATION AVEC WARWICK.

1469. Bonne nouvelle. Révolte de Warwick.

À l'automne 1469, l'esprit de Margaret fut éveillé à une nouvelle vie et à une nouvelle excitation par les nouvelles venues d'Angleterre selon lesquelles une grande opposition s'était progressivement développée dans le royaume contre le gouvernement d'Édouard, que beaucoup de ses meilleurs amis l'avaient abandonné et que le les amis et les partisans de la lignée de Lancaster augmentaient en force et en courage à un tel degré qu'il était probable que le moment approchait où Henri pourrait être rétabli sur le trône. La circonstance la plus importante liée au changement survenu était que le grand comte de Warwick, qui avait été le partisan le plus efficace et le plus puissant de la maison d'York et l'ennemi le plus déterminé de Margaret et de Henry pendant toute la guerre, avait Maintenant abandonné Edward, il était venu en France et était prêt à jeter tout le poids de son pouvoir et de son influence de l'autre côté. [18]

Excitation. Margaret a fait venir.

Bien entendu, cette nouvelle provoqua un grand émoi dans toute la France. Le roi Louis XI. s'intéressait particulièrement à eux, car ils donnaient l'espoir que Margaret pourrait regagner son trône et ainsi pouvoir racheter son hypothèque, ou bien lui remettre la garantie ; il convoqua donc un conseil à Tours pour considérer ce qu'il y avait de mieux à faire, et il envoya chercher Marguerite à Verdun pour venir avec le prince et y assister. Il a également fait venir René, son père et d'autres amis influents de la famille. On raconte que lorsque Marguerite arriva et rencontra son père, elle fut tellement agitée par la nouvelle et par les espérances qu'elle éveillait dans son sein, qu'en l'embrassant, elle fondit en larmes sous l'excès de son excitation et de sa joie.

.

Réconciliation avec Warwick proposée.

Mais elle ne supportait pas l'idée d'une réconciliation avec Warwick. Au début , elle refusa catégoriquement de le voir ou de lui parler. Cependant, lorsqu'il arriva enfin à Tours, le roi le présenta à Marguerite, mais celle-ci refusa longtemps d'avoir affaire à lui.

"Elle ne pourrait jamais lui pardonner", a-t-elle déclaré. « Il avait été le principal auteur de la chute de son mari et de tous les chagrins et calamités qui s'étaient abattus depuis sur elle et sur son fils.

Les objections de Margaret.

« D'ailleurs, dit-elle, même si elle voulait lui pardonner les intolérables torts qu'il lui a infligés, il serait très préjudiciable à la cause de son mari de conclure avec lui quelque accord ou alliance que ce soit ; Son parti et ses amis en Angleterre, que Warwick avait tant fait pour blesser et qui l'avaient si longtemps considéré comme leur pire et plus mortel ennemi, seraient complètement éloignés d'elle s'ils apprenaient qu'elle l'avait pris en faveur, et ainsi elle perdrait bien plus qu'elle ne gagnerait. »

Les arguments de Warwick. Ses promesses.

Warwick répondit à cela du mieux qu'il put, invoquant les blessures qu'il avait lui-même reçues de la part du parti de Lancaster comme excuse de son hostilité contre eux. De plus, il avait été le moyen de déstabiliser le roi Édouard dans son royaume et de préparer le retour du roi Henri ; et il promit que, si Marguerite le recevait à son service, il lui serait désormais fidèle et fidèle aussi longtemps qu'il vivrait, et serait autant l'ennemi du roi Édouard qu'il avait été jusqu'ici son ami. Il en appela d'ailleurs au roi de France pour qu'il se porte garant de l'exécution fidèle de ces stipulations.

Le roi Louis intercède.

Le roi de France dit qu'il serait son garant, et il pria Margaret de pardonner à Warwick et de le recevoir en faveur pour *lui* et pour le grand amour que lui, le roi, lui portait. Il ferait plus pour lui, ajoutait-il, que pour n'importe quel homme vivant.

Margaret se laissa enfin convaincre et Warwick fut pardonné.

Une nouvelle proposition.

Il y avait plusieurs autres grands nobles venus avec Warwick, qui furent reçus en même temps dans la faveur de Margaret, et, lorsque la grande réconciliation fut complètement effectuée , tout le monde partit ensemble pour descendre la Loire jusqu'à Angers, où la comtesse de Warwick, l'épouse du comte et sa plus jeune fille, Anne, les attendaient. La comtesse et Anne furent présentées à la reine, et peu de temps après Louis osa proposer un mariage entre Anne et le prince Édouard.

L'indignation de Margaret.

Marguerite reçut cette proposition avec étonnement et la repoussa avec mépris. Elle a dit qu'elle n'y voyait ni honneur ni profit, ni pour elle ni pour son fils. Mais enfin, après avoir passé quinze jours à raisonner avec elle sur les avantages de cette liaison et sur l'aide qu'elle tirerait d'une telle alliance avec Warwick pour tenter de recouvrer le royaume de son mari, elle finit par céder. Elle fut finalement influencée, pour prendre cette décision, par les conseils de son père, qui lui conseilla de consentir au mariage.

Le match s'est finalement décidé.

Les parties se sont réunies lors d'une grande cérémonie religieuse dans l'église cathédrale d'Angers pour sceller et ratifier les alliances et les accords par lesquels ils devaient désormais être liés.

La vraie croix.

Il y avait un fragment de la vraie croix, ainsi supposée, parmi les reliques de la cathédrale, et c'était un objet d'une telle vénération que le serment prêté sur lui était considéré comme imposant une obligation de la plus haute sainteté. Chacun des trois grands partis prêta serment tour à tour sur ce saint emblème.

Serments prêtés.

Premièrement, le comte de Warwick jura qu'il resterait toujours, sans changement, au parti du roi Henri et qu'il le servirait, ainsi que la reine et le prince, comme un sujet véritable et fidèle doit servir son souverain seigneur.

Ensuite, le roi de France jura qu'il aiderait et soutiendrait, autant qu'il le pourrait, le comte de Warwick dans la querelle du roi Henri.

Et enfin, la reine Marguerite jura de traiter le comte comme fidèle et fidèle au roi Henri et au prince, et « de ne jamais lui faire de reproches pour ses actes passés ».

1470. Les fiançailles. Conditions.

Il fut en outre convenu à cette époque qu'Anne, la fille du comte de Warwick, fiancée au prince, serait livrée à la reine Marguerite et resterait sous sa garde jusqu'à ce que le mariage soit consommé. Mais cela ne devait avoir lieu que lorsque le comte de Warwick serait entré en Angleterre et aurait récupéré le royaume, ou du moins la plus grande partie de celui-ci, et l'aurait restitué au roi Henri. Ainsi, la consommation du mariage devait dépendre du succès de Warwick à restituer à Henri sa couronne.

Cérémonie.

Cependant, une sorte de cérémonie de mariage, ou, plus strictement, de cérémonie de fiançailles, fut célébrée à Angers entre le prince et sa fiancée quelques jours après, avec une grande parade, puis Warwick, laissant derrière lui sa comtesse et sa fille avec Margaret, partit pour l'Angleterre avec une troupe de deux mille hommes que Louis lui avait fournie.

Margaret part pour Paris. Réception à Paris.

Après le départ de Warwick, Margaret resta quelques semaines à Angers, puis partit pour Paris, escortée d'une garde d'honneur. Son groupe arriva dans la capitale en novembre et Marguerite, sur ordre de Louis, fut reçue avec toutes les cérémonies et marques de distinction dues à une reine. Les rues qu'elle traversait étaient tendues de tapisseries, ornées de drapeaux et de bannières, ainsi que de toute autre décoration appropriée. Le peuple sortait en foule pour voir passer le grand cortège ; car, outre la garde d'honneur qui avait conduit la fête dans la capitale, tous les grands fonctionnaires publics et hauts fonctionnaires se joignirent au cortège aux portes et l'accompagnèrent à travers la ville, formant ainsi un spectacle grand et imposant.

Bonne nouvelle reçue.

La reine Marguerite et son groupe furent ainsi conduits au palais et y logèrent dans une grande splendeur. Leurs cœurs furent également réjouis à leur arrivée, en recevant la nouvelle que Warwick avait débarqué en Angleterre et avait complètement réussi son entreprise. Le roi Édouard fut déposé et le roi Henri fut libéré de son emprisonnement dans la Tour et placé sur le trône.

Margaret, bien sûr, décida immédiatement de préparer immédiatement son retour en Angleterre.

CHAPITRE XXII.

AMÈRE DÉCEPTION.

Préparatifs pour aller en Angleterre. Harfleur.

Les préparatifs nécessaires au retour de Margaret et de sa compagnie en Angleterre en bon état semblent avoir duré plusieurs mois ; car, bien que ce fut dès novembre que la grande entrée dans Paris eut lieu et que la nouvelle de la restauration d'Henri fut reçue, ce ne fut qu'en février que le parti royal fut prêt à s'embarquer. Il y avait des négociations à faire, des hommes à enrôler, des navires à se procurer, des fonds à fournir, des nominations à décider, des robes à confectionner, et mille questions de préséance et d'étiquette à considérer et à examiner. arrangé. Enfin tout fut prêt, et toute la compagnie se dirigea ensemble vers le port qui avait été choisi pour lieu d'embarquement. Ce port était Harfleur . Harfleur est située sur la côte normande, à proximité du port plus moderne du Havre.

Vent contraire. Sorcellerie supposée.

Quand vint l'heure de partir, le temps parut très défavorable ; mais Marguerite, lasse des retards par lesquels son retour avait été si longtemps différé, et très impatiente d'arriver de nouveau dans ses propres États, ordonna aux navires de prendre la mer. Ils tentèrent à trois reprises, et trois fois les navires furent de nouveau repoussés au port. Beaucoup de ses amis étaient grandement découragés par ces échecs. Certains disaient qu'ils pensaient que cette résistance continue des éléments à ses projets devait être considérée comme une indication de la divine Providence qu'elle ne devait pas se rendre en Angleterre pour le moment, et ils la priaient de différer cette tentative. D'autres pensaient que les vents contraires étaient soulevés par les sorcières et ils ont commencé à élaborer des mesures pour découvrir qui étaient les sorcières.

Grande entreprise. Armée à embarquer. Les craintes de Margaret.

Margaret ne prêta attention à aucune de ces suggestions, mais persista dans sa détermination à naviguer dès que le temps le permettrait. Ce retard lui causait de grands inconvénients et lui occasionnait de grandes dépenses ; car, outre ses propres officiers et serviteurs personnels, Margaret avait rassemblé un corps assez important de soldats pour traverser la Manche avec elle, afin de renforcer les armées de Warwick et de Henry. C'était bien nécessaire ; car, bien qu'Henri ait été nominalement rétabli sur le trône, ses ennemis étaient encore sur le terrain en force considérable, et Margaret était très désireuse d'apporter avec elle les moyens d'aider à les abattre. En effet, elle savait que la situation de son mari était extrêmement précaire et que le sort de la guerre pouvait à tout moment se retourner contre lui. Et cette considération la rendait extrêmement impatiente du retard occasionné par le temps à Harfleur . Elle ne savait pas que le roi pourrait même alors être engagé dans un conflit rapproché avec ses ennemis, et susceptible d'être submergé par eux, et que ses forces, en étant si longtemps retardées, arriveraient trop tard pour le sauver.

Hélas pour la pauvre Marguerite ! En effet, c'était exactement le cas.

Comtesse de Warwick.

Ce n'est que le 24 mars qu'il fut possible de quitter le port ; mais alors, bien que le temps ne fût pas du tout réglé, la reine résolut de ne plus attendre. La comtesse de Warwick, qui était restée en France lorsque le comte son mari partit pour l'Angleterre, quitta Harfleur en même temps que la reine, quoique sur un navire différent. Sa fille, cependant, l'épouse élue du prince régent , accompagna la reine.

Arrivée en Angleterre.

Le temps resta très agité après le départ de la flotte, et comme les vents qui soufflaient si fort venaient du nord, les navires ne purent faire que très peu de progrès. Ils restèrent à se débattre dans la Manche, ou à rester au mouillage en attendant un changement de vent, pendant plus de quinze jours. Pendant tout ce temps, Margaret fut maintenue dans une fièvre d'impatience et d'anxiété.

Enfin, vers le 10 avril, ils atteignirent les terres de Weymouth.

L'atterrissage.

Après que les navires soient entrés dans le port, l'espace d'un jour ou deux était consacré aux préparatifs pour débarquer. Parmi ces préparatifs figurait l'aménagement d'appartements dans une abbaye des environs de Weymouth pour recevoir la reine et ses serviteurs. Entre- temps , le débarquement des troupes était accéléré le plus rapidement possible.

Le navire sur lequel s'était embarquée la comtesse de Warwick avait navigué dans une direction différente de celle de la flotte de Margaret, et on ne savait pas encore ce qu'elle était devenue.

Nouvelles d'une bataille.

Quand enfin les préparatifs furent terminés, la reine et son groupe descendirent à terre et s'installèrent dans l'abbaye. L'esprit de Margaret était intensément occupé des dispositions nécessaires pour rassembler ses troupes et les préparer à marcher au secours de Warwick, lorsque, à sa grande surprise et consternation, elle reçut des nouvelles, le lendemain même de son installation dans la région. abbaye, que le parti du roi Édouard s'était rassemblé en grande force et s'était avancé vers Londres, et qu'une bataille avait eu lieu à un endroit appelé Barnet, à quelques kilomètres de Londres, dans laquelle le parti d'Édouard avait été complètement victorieux.

Warwick a été tué.

Le comte de Warwick avait été tué. Le roi Henri, son mari, avait été fait prisonnier, et leur cause semblait entièrement perdue.

Mort de Warwick.

1471. Mode de mort de Warwick.

Warwick était entré dans la bataille à pied, afin de stimuler plus efficacement l'émulation de ses hommes, de sorte que lorsque, à la fin, ses forces furent vaincues et s'enfuirent, lui-même, encombré par son armure, ne put sauver lui-même, mais fut rattrapé par ses ennemis impitoyables et tué.

Le désespoir de Margaret. Danger imminent.

Il serait impossible de décrire l'agitation et l'angoisse terribles que cette nouvelle excitait dans l'esprit de la reine. Elle tomba d'abord évanouie, et quand enfin elle reprit ses esprits, elle fut si complètement accablée de déception, de vexation et de rage, et parla si sauvagement et de manière incohérente, que ses amis craignirent presque qu'elle perde la raison. Son fils, le jeune prince, qui avait maintenant près de dix-neuf ans, fit tout ce qui était en son pouvoir pour la calmer et la calmer, et réussit enfin jusqu'à l'inciter à réfléchir à ce qu'il fallait faire pour assurer sa sécurité et celle des siens. sécurité. Rester là où ils étaient, c'était s'exposer à être attaqué à tout moment par un corps des troupes victorieuses d'Edouard et transporté prisonnier à la Tour.

Elle recherche la sécurité. La comtesse de Warwick.

Il y avait une autre abbaye à peu de distance de l'endroit où se trouvait maintenant Marguerite, qui était dotée de certains privilèges en tant que sanctuaire, de sorte que les personnes qui y cherchaient refuge dans certaines circonstances ne pouvaient pas être emmenées. Le nom de cette retraite était l'abbaye de Beaulieu. Margaret traversa immédiatement le pays jusqu'à cet endroit, emmenant avec elle le prince et presque tous les autres membres de son groupe. Soit à son arrivée ici, soit en chemin, elle rencontra la comtesse de Warwick, qui, on s'en souvient, avait quitté Harfleur en même temps qu'elle. Le navire de la comtesse avait été poussé plus loin vers l'est, et il avait finalement débarqué à Portsmouth. Ici, elle aussi avait appris la nouvelle de la bataille de Barnet et de la mort de son mari, et, complètement bouleversée par la nouvelle et alarmée pour sa propre sécurité, elle avait décidé de se réfugier également à l'abbaye de Beaulieu.

Grand revers de fortune.

Les deux malheureuses dames, qui s'étaient séparées trois semaines auparavant sur les côtes de France avec des attentes si élevées et si excellentes, se retrouvèrent maintenant, toutes deux plongées dans la douleur la plus profonde et la plus accablante. Leurs espoirs furent anéantis, toutes leurs perspectives brillantes furent détruites, et ils se retrouvèrent dans la condition de fugitifs impuissants et misérables, dépendant d'un sanctuaire religieux pour l'espoir même de sauver leur vie.

CHAPITRE XXIII.

SANS ENFANT ET VEUVE.

Margaret trouvée par des amis.

Margaret ne faisait pas entièrement confiance pour sa sécurité au caractère sacré du sanctuaire où elle avait cherché refuge. Elle s'efforça, par tous les moyens en son pouvoir, de garder le lieu de sa retraite secret, sauf pour ses amis choisis et les plus dignes de confiance. Très vite, cependant, elle reçut la visite de quelques-uns d'entre eux, surtout de jeunes nobles, qui vinrent à elle exaspérés et tous enflammés de rage et de ressentiment, à cause de la mort de leurs amis et parents, tués en la bataille.

Son triste état.

Ils trouvèrent cependant Margaret dans un état d'esprit très différent du leur. Elle commençait à se décourager. La longue et amère expérience de l'échec et de la déception, qui était depuis tant d'années son lot constant, semblait avoir enfin eu le pouvoir de saper et de détruire même *sa* résolution et son énergie. Ses amis, lorsqu'ils venaient la voir, la trouvèrent plongée dans une sorte de stupeur de misère et de désespoir dont ils avaient peine à la tirer.

Ses amis l'encouragent. Peu de succès.

Et quand enfin ils réussirent à la tirer de son découragement au point de l'inciter à prendre quelque intérêt à leurs consultations, son seul sentiment pour le moment semblait être l'inquiétude pour la sécurité de son fils. Elle les a suppliés et implorés de prendre des mesures pour *le protéger*. Ils s'efforcèrent de la convaincre que sa situation n'était pas aussi désespérée qu'elle l'imaginait. Ils avaient encore une force puissante, disaient-ils, à leurs côtés. Cette force était maintenant en train de se rallier et de se rassembler, et, avec sa présence et celle du jeune prince à leur quartier général, le nombre et l'enthousiasme de leurs troupes augmenteraient très rapidement, et il y avait un grand espoir qu'ils pourraient bientôt à nouveau pouvoir affronter l'ennemi sous des auspices plus favorables que jamais.

Ses souhaits.

Mais la reine semblait très peu disposée à adhérer à leurs vues. Il ne servait à rien, dit-elle, de faire de nouveaux efforts. Ils n'étaient pas assez forts pour affronter leurs ennemis au combat, et une telle tentative ne résulterait que de nouveaux désastres. Il n'y avait rien d'autre à faire que pour elle et le jeune prince, avec tous ceux qui étaient disposés à partager sa fortune, de revenir le plus tôt possible en France , et d'y rester et d'attendre des temps meilleurs.

Le jeune prince.

Mais le jeune prince n'était pas disposé à adopter ce plan. Il était jeune, plein de confiance et d'espoir, et il se joignit aux nobles pour exhorter sa mère à consentir à aller sur le terrain. Son influence prévalut ; et Margaret, bien qu'avec beaucoup de réticence et de nombreux pressentiments, finit par céder.

Une armée rassemblée.

donc le sanctuaire, et, avec le prince, fut escortée secrètement vers le nord, afin d'y rejoindre l'armée. Les comtés de l'ouest de l'Angleterre, ceux situés aux frontières du Pays de Galles, étaient depuis longtemps très favorables à la cause d'Henri, et lorsque le peuple apprit que la reine et le jeune prince étaient là, ils sortirent en grand nombre, comme l'avaient prédit les nobles. , pour rejoindre son étendard. En peu de temps , une grande armée fut prête à entrer en campagne.

Prendre un bain.

Margaret était à cette époque à Bath. Elle apprit bientôt que le roi Édouard arrivait contre elle depuis Londres avec une grande armée. Ses propres forces, pensait-elle, n'étaient pas encore assez fortes pour l'affronter ; elle élabora donc le plan de traverser la Severn jusqu'au Pays de Galles et d'y attendre jusqu'à ce qu'elle concentre une force plus importante.

À Bristol. S'efforce de traverser la rivière.

En conséquence, de Bath, elle descendit à Bristol , qui, comme on le voit sur la carte, est sur les rives de la Severn, à un endroit où la rivière est très large. Elle ne pouvait pas traverser ici, le pont le plus bas de la rivière se trouvant à Gloucester, trente ou quarante milles plus haut ; elle s'est donc déplacée vers Gloucester, avec l'intention de traverser là-bas. Mais elle trouva le pont fortifié et en possession d'un officier sous les ordres du duc de Gloucester, partisan du roi Édouard, et celui-ci refusa de laisser passer la reine sans un ordre de son maître.

Arrivée d'Édouard.

Il ne semblait pas opportun d'essayer de forcer le pont et, en conséquence, Margaret et son groupe remontèrent la rivière afin de trouver un autre endroit pour traverser vers le Pays de Galles. Elle était très excitée par ce voyage et souffrait d'une grande anxiété, car l'armée du roi Édouard avançait rapidement, et il y avait danger qu'elle soit interceptée et sa retraite coupée ; elle s'avança donc avec la plus grande diligence, et enfin, après avoir parcouru trente-sept milles en un jour avec ses troupes, elle arriva à Tewkesbury, ville située à peu près à mi-chemin entre Gloucester et Worcester. Lorsqu'elle y arriva, elle découvrit qu'Édouard était déjà arrivé à moins d'un mille de l'endroit, à la tête d'une grande armée, et qu'il était prêt pour la bataille.

Il y avait cependant maintenant une opportunité pour Margaret de traverser la rivière et de se retirer pendant un certain temps au Pays de Galles, et elle était elle-même extrêmement désireuse de le faire, mais les jeunes nobles qui étaient avec elle, et en particulier le duc de Somerset, un violent et le jeune homme impétueux, qui agissait comme leur chef, n'y consentit pas. Il déclara qu'il ne reculerait pas plus loin.

"Nous allons prendre position ici", dit-il, "et prendre toute fortune que Dieu pourra nous envoyer."

donc son camp dans le parc qui s'étendait aux limites de la ville et érigea des retranchements. Beaucoup d'autres dirigeants étaient fermement opposés à son projet de prendre position dans cet endroit, mais Somerset était le commandant en chef et il obtiendrait ce qu'il voulait.

Bataille de Tewkesbury. Préparatifs du combat.

Il ne montra cependant aucune disposition à se mettre personnellement à l'abri d'une quelconque partie du danger auquel ses amis et ses partisans allaient être exposés. Il prend le commandement de l'avant-garde. Le jeune prince, soutenu par quelques autres dirigeants d'âge et d'expérience, devait également être placé dans une position responsable et importante. Lorsque tout fut prêt, Marguerite et le prince parcourirent les rangs, adressant des paroles d'encouragement aux troupes et leur promettant de grosses récompenses au cas où elles remporteraient la victoire.

Tewkesbury.

L'anxiété maternelle de Margaret.

Le cœur de Margaret était plein d'anxiété et d'agitation alors que l'heure du début des hostilités approchait. Elle avait souvent auparavant engagé des amis très chers et très estimés sur le champ de bataille, mais maintenant, pour la première fois, elle mettait en danger la vie de son fils unique et bien-aimé. C'est bien contre sa volonté qu'elle fut amenée à courir ce terrible danger. Seule la nécessité la plus impérieuse l'y obligeait.

Elle est témoin du combat.

Lorsque la bataille commença, Margaret se retira sur une hauteur du parc, d'où elle put assister à la progression du combat. Pendant quelque temps , son armée resta sur la défensive dans ses retranchements, mais enfin Somerset, devenu impatient et impétueux, résolut de faire une sortie et d'attaquer les assaillants en rase campagne.

Somerset.

Alors, ordonnant aux autres de le suivre, il sortit des lignes. Certains lui obéirent, d'autres non. Au bout d'un moment, il revint à l'intérieur des lignes, apparemment dans le but de demander des comptes à ceux qui étaient restés là-bas pour ne pas lui avoir obéi. Il trouva lord Wenlock, l'un des chefs, assis sur son cheval, inactif, comme il le disait, dans la ville. Il le dénonça aussitôt comme traître et, s'approchant de lui, l'abattit d'un coup de hache d'armes, qui lui fendit le crâne.

Panique et fuite.

Les hommes qui étaient sous la bannière de Lord Wenlock, voyant leur chef ainsi impitoyablement tué, se mirent immédiatement à fuir. Leur fuite provoqua une panique qui se répandit rapidement parmi toutes les autres troupes, et tout le champ fut bientôt dans une totale confusion.

La terreur de Margaret. Elle s'évanouit.

Quand Marguerite vit cela et pensa au prince, exposé, comme il l'était, au danger le plus imminent de la défaite, elle devint presque frénétique d'excitation et de terreur. Elle a insisté pour se précipiter sur le terrain pour retrouver et sauver son fils. Les gens autour trouvaient presque impossible de la retenir. Enfin, dans la lutte, son excitation et sa terreur l'emportèrent entièrement. Elle s'est évanouie, et ses serviteurs l'ont ensuite portée, insensée, dans une voiture, et elle a été conduite rapidement par l'une des portes du parc, puis par un chemin secondaire jusqu'à une maison religieuse proche , où l'on pensait qu'elle serait pour le moment sécurisé.

Capture du prince.

Le pauvre prince fut fait prisonnier. Il fut transporté, après la bataille, jusqu'à la tente d'Edward. Les historiens de l'époque racontent l'histoire suivante de la triste fin de sa carrière.

Le meurtre du prince Henri.

Quand Édouard, accompagné de ses officiers et des nobles qui l'accompagnaient, couvert du sang et de la poussière du conflit, et féroce et exultant sous l' excitation du massacre et de la victoire, entra dans la tente et vit le beau jeune prince debout. là, entre les mains de ses ravisseurs, il fut d'abord frappé par l'élégance de son apparence et son allure franche et virile. Il l'aborda cependant avec férocité en lui demandant ce qui l'avait amené en Angleterre. Le prince répondit sans crainte qu'il venait récupérer la couronne de son père et son propre héritage. Sur ce, Edward lui jeta son gant, un lourd gantelet de fer, au visage.

Mort du prince de Galles.

Les hommes présents prirent cela comme une indication des sentiments et des souhaits d'Edward à l'égard de son prisonnier, et ils tombèrent immédiatement sur lui avec leurs épées et l'assassinèrent sur-le-champ.

Margaret reçoit la nouvelle.

Margaret ne sut ce qu'était devenu son fils que le lendemain. A cette époque, le roi Édouard avait découvert le lieu de sa retraite, et il envoya un certain sir William Stanley, qui avait toujours été l'un de ses ennemis les plus invétérés, pour la faire prisonnière et l'amener jusqu'à lui. C'est ce Stanley qui, à son arrivée, lui apporta la nouvelle de la mort de son fils. Il lui communiqua la nouvelle, dit-on, d'une manière exultante, comme s'il était non seulement heureux de la mort du prince, mais comme s'il se réjouissait d'avoir l'occasion d'être témoin du désespoir et du chagrin dont la mère était accablée dans entendre la nouvelle.

Elle est née à Londres. Son état pendant le voyage.

Stanley transporta la reine à Coventry, où se trouvait alors le roi Édouard, et la mit à sa disposition. Edward se rendait alors à Londres dans une sorte de marche triomphale en l'honneur de sa victoire, et il ordonna à Stanley d'emmener Margaret avec lui dans son train. Anne de Warwick, la jeune épouse de son fils, fut également emmenée à Londres, au même moment et de la même manière.

Pendant tout le voyage, Marguerite fut dans un état d'excitation extrême, presque folle de chagrin et de rage. Elle proférait des malédictions continuelles contre Edward pour avoir assassiné son garçon, et rien ne pouvait l'apaiser ou la calmer.

Son dernier espoir. Meurtre du roi.

On pourrait supposer qu'elle aurait eu une source de réconfort pendant ce terrible voyage dans la pensée qu'en se rendant à la Tour, qui était maintenant sans aucun doute sa destination, elle retrouverait son mari, qui était depuis longtemps en voyage. quelque temps emprisonné là-bas. Mais l'espoir de se retrouver ainsi unie au dernier objet d'affection qui lui restait désormais sur terre, si Marguerite le chérissait réellement, était voué à une amère déception. La mort du jeune prince rendait désormais un objet de grande importance pour la lignée régnante qu'Henri lui-même soit mis à l'écart, et, la nuit même de l'arrivée de Margaret à la Tour, son mari fut assassiné dans la chambre où avait été si longtemps sa prison.

Terrible revers de fortune.

Ainsi, tous les brillants espoirs de bonheur de la reine Margaret furent, en deux mois seulement, complètement et à jamais détruits. À la fin du mois de mars, elle était la fière et heureuse reine d'un monarque régnant sur l'un des royaumes les plus riches et les plus puissants du monde, et la mère d'un prince doté de toutes les grâces personnelles et de toutes les nobles réalisations, fiancée. à une épouse de haute naissance, belle et immensément riche, et qui vient tout juste d'entrer dans ce qui promettait d'être une longue et glorieuse carrière. En mai, à peine deux mois plus tard, elle était sans enfant et veuve. Son mari et son fils gisaient dans des tombes sanglantes, et elle-même, tombée de son trône, était enfermée, captive sans défense, dans un cachot sombre, sans aucune perspective de délivrance devant elle jusqu'à la fin de ses jours. Les annales même de la royauté, remplies qu'elles sont d'exemples de calamités accablantes, ne peuvent peut-être fournir aucun autre exemple d'un revers de fortune aussi total et aussi terrible que celui-ci.

CHAPITRE XXIV.

CONCLUSION.

Le corps du roi Henri.

Le lendemain de l'assassinat d'Henry, le corps fut retiré de la Tour et transporté dans les rues de Londres, avec une forte escorte d'hommes armés pour le garder, jusqu'à l'église Saint-Paul, où il fut exposé publiquement, comme était d'usage en de telles occasions. Une telle exposition était plus nécessaire que d'habitude dans ce cas, car la mort d'Henri aurait peut-être pu être remise en question par la suite, et des intrigants auraient pu continuer à agiter le pays en son nom, s'il n'y avait pas eu le plus grand effort possible. preuve positive fournie au public qu'il n'était plus.

Vue de Chertsey.

Emporté sur la rivière jusqu'à Chertsey.

Le corps restait ainsi allongé pendant la journée. La nuit venue, il fut emmené et transporté jusqu'à Blackfriar , un débarcadère sur la rivière presque en face de Saint Paul. Ici, il y avait un bateau prêt à recevoir le corbillard. Elle était éclairée avec des torches, et les bateliers étaient à leurs rames. Le corbillard fut embarqué, et le corps fut ainsi emporté, sur les eaux sombres de la rivière, jusqu'au village isolé de Chertsey, où il avait été décidé qu'il serait enterré.

Margaret en détention. Wallingford.

Pendant quelque temps après la mort d'Henry, Margaret fut gardée en détention dans la Tour. Enfin, voyant que tout était tranquille et que le nouveau gouvernement s'établissait solidement, la rigueur de l'emprisonnement du malheureux captif se relâcha. Elle fut d'abord transférée à Windsor, puis à Wallingford, un endroit situé à l'intérieur du pays, où elle jouissait d'un degré considérable de liberté personnelle, même si elle était toujours très étroitement surveillée et gardée.

Elle est rachetée.

Enfin, environ quatre ans après, son père, le roi René, réussit à obtenir sa rançon pour la somme de cinquante mille écus. René ne possédait pas lui-même autant d'argent, mais il obtint le roi Louis de le payer, à condition qu'il lui cède son domaine familial.

La rançon devait être payée en cinq versements annuels, mais dès le paiement du premier versement, la reine devait être libérée et autorisée à retourner dans son pays natal. Il était également stipulé que, comme condition de sa libération, elle devait renoncer formellement et pour toujours à tous les droits de toute nature dans le royaume d' Angleterre auxquels elle aurait pu revendiquer par son mariage avec Henry. On aurait pu supposer qu'ils lui auraient demandé de signer cette renonciation avant de la libérer. Mais la loi anglaise, à l'époque comme aujourd'hui, considérait qu'une signature faite sous durée était invalide, le signataire n'étant pas libre. Il fut donc convenu qu'un commissaire anglais l'accompagnerait outre-Manche et l'accompagnerait à Rouen, où il la remettrait aux ambassadeurs français qui, au nom de Louis, seraient chargés de lui faire signer le document.

1476. Le commissaire. Margaret traverse la Manche.

Ce plan fut mis à exécution. Margaret partit du château de Wallingford sous la garde d'un homme sur lequel le gouvernement d'Edouard pouvait compter pour la surveiller de près et veiller à ce qu'elle continue tranquillement sa route à travers l'Angleterre jusqu'au port d'embarquement. Ce port était Sandwich. Ici, elle s'embarqua à bord d'un navire, avec une suite de trois dames et sept messieurs, et fit ses derniers adieux au royaume dans lequel elle était entrée lors de sa tournée nuptiale avec des attentes si élevées et exultantes de grandeur et de bonheur.

A Rouen.

Elle arriva à Dieppe au début de 1476, et se rendit immédiatement à Rouen, où le commissaire, venu l' accompagner , la livra aux ambassadeurs français désignés pour la recevoir et assista à la signature de la renonciation.

Son renoncement.

Le document était rédigé en latin, mais sa portée était la suivante :

Moi, Margaret, autrefois mariée en Angleterre, je renonce à tout ce à quoi je pourrais prétendre en Angleterre, par les conditions de mon mariage, et toutes les autres choses là-bas, avec Edward, maintenant roi d'Angleterre.

Sentiments avec lesquels elle l'a signé.

Cela n'a coûté aucun effort à Margaret de signer ce papier. Avec la mort de son mari et de son fils, tout espoir s'était éteint dans son sein, et la vie ne possédait plus rien de ce qu'elle désirait. Elle signa ce fatal document, renonçant non seulement à toute prétention d'être désormais considérée comme une reine, mais à toute prétention de l'avoir jamais été, avec une indifférence et une insouciance passives qui montraient que son esprit était brisé et que les feux de l'orgueil et de l'ambition qui avaient si violemment brûlé dans sa poitrine étaient enfin éteints pour toujours.

Manque de générosité de Louis.

Lorsque le papier fut signé, Margaret fut renvoyée et laissée libre de se rendre par ses propres moyens vers sa province natale d'Anjou, où elle avait l'intention de passer le reste de ses jours . Son projet était de passer par Paris pour revoir son cousin, le roi Louis, qui l'avait traitée avec tant de considération et d'honneur lorsqu'elle se rendait en Angleterre avec de bonnes chances de retrouver son mari. Le trône. Mais le cas était différent maintenant, pensa Louis, et au lieu de recevoir gentiment son annonce qu'elle avait l'intention de visiter Paris en rentrant chez elle, il lui fit dire qu'elle ferait mieux de ne pas venir et lui conseilla plutôt de tirer le meilleur parti d'elle. en route vers son père en Anjou.

Une escorte offerte.

Cependant, comme pour adoucir cette incivilité, il envoya une escorte pour l'accompagner dans son voyage de retour, mais Margaret fut si blessée par l'abandon sans cœur de son cousin dans sa détresse qu'elle résolut de n'accepter aucune faveur de sa part ; elle refusa donc l'escorte et partit seule avec ses quelques compagnons personnels.

Danger. Anglais en Normandie.

Cette petite flambée des vieilles flammes de fierté et de ressentiment dans son cœur faillit cependant coûter la vie à Margaret, car elle n'était pas allée loin dans son voyage lorsqu'une urgence survint dans laquelle une escorte aurait été d'un grand service pour la protéger. son. Il semble que lorsque les Anglais furent chassés de Normandie, il resta de nombreuses familles et quelques villages entiers de personnes trop pauvres pour revenir. Ces gens étaient maintenant dans un état très bas et misérable. Ils pleuraient continuellement la dure nécessité qui les avait laissés sans amis ni protection dans un pays étranger ; et ils comprirent aussi que le premier commencement de l'abandon de leurs possessions en France par les Anglais fut la cession de certaines provinces par le gouvernement d'Henri VI. au moment du mariage de ce monarque avec Marguerite d'Anjou, et que tous les malheurs ultérieurs de leurs compatriotes en France, par lesquels, à la fin, le pays tout entier avait été perdu, avaient leur origine dans ces transactions.

Margaret à l'auberge. Émeute à l'auberge.

Or il arriva que Marguerite, dans son voyage de Rouen à Anjou, s'arrêta la première nuit dans un de ces villages. Les gens, voyant arriver un groupe d'étrangers en ville, se rassemblèrent la nuit autour de l'auberge par curiosité pour savoir qui ils pouvaient être. Lorsqu'ils apprirent que c'était Marguerite d'Anjou, reine d'Angleterre, qui avait été bannie du royaume et qui revenait maintenant chez elle, ils furent excités au plus haut degré de colère contre elle, comme l'auteur de toutes leurs souffrances. Ils se précipitèrent dans la maison pour la saisir, et s'ils avaient réussi, ils l'auraient sans doute tuée sur-le-champ. Mais quelques-uns des messieurs qui faisaient partie de son groupe défendirent son épée à la main et maintinrent la foule à distance jusqu'à ce qu'elle atteigne son appartement. Ils l'ont gardée là jusqu'à ce qu'ils puissent appeler les autorités, qui sont venues disperser la foule. Margaret retourna immédiatement à Rouen, assez disposée désormais à accepter une escorte. Une garde appropriée lui fut fournie, et sous la protection de celle-ci, elle repartit pour son voyage, et cette fois continua en toute sécurité.

Margaret arrive en Anjou. Son père.

Lorsque Marguerite arriva enfin dans son pays natal d'Anjou, elle fut reçue très gentiment par son père et alla vivre avec lui dans un château appelé château de Reculée , situé à environ une lieue d'Angers, la capitale de la province.

Ici, elle est restée environ quatre ans. C'était un endroit très agréable. Le château était situé au bord d'une rivière, et pourtant dans une situation dominante, qui offrait une jolie vue sur la ville. Il y avait un beau jardin attenant au château et une galerie de peinture et de sculpture. Son père, le roi René, était lui-même peintre et il s'amusait beaucoup à peindre des tableaux pour compléter sa collection ou pour les offrir à ses amis.

Terrible dépression des esprits.

Mais Margaret ne pouvait s'intéresser à aucune de ces choses. Son esprit était constamment rempli de souvenirs amers du passé, qu'elle ne pouvait pas dissiper, même si elle ne s'y accrochait pas et ne les chérissait pas. Elle pensait continuellement à son mari et à son enfant. Elle fit des efforts incessants pour s'emparer de leurs corps, afin de les faire transporter en Anjou, et, comme elle n'y parvint pas, elle paya annuellement une somme considérable pour s'assurer les services de prêtres pour dire des messes sur leurs tombes. en Angleterre, afin d'assurer le repos de leur âme.

Ses effets.

En effet, l'angoisse et l'agitation qui régnaient continuellement dans son cœur la ravageaient comme un ver au centre d'une fleur. "Ses yeux, autrefois si brillants et expressifs", dit l'un de ses historiens, "devinrent creux et sombres, et enflammés de façon permanente à cause de pleurs continus." En effet, toute la masse de son sang s'est corrompue et une maladie effrayante a affecté sa peau autrefois belle, faisant d'elle un objet de commisération pour tous ceux qui la voyaient.

Mort de son père.

Elle est restée dans cet état jusqu'à la mort de son père. Celui-ci, sur son lit de mort, la confia aux soins d'un vieil et fidèle ami qui, après le décès du roi René, l'emmena avec lui dans son propre château de Damprierre , situé environ vingt-cinq milles plus en amont de la rivière. .

La scène finale.

Mais, bien que Margaret fut traitée avec beaucoup de bonté par l'ami à qui son père la confiait ainsi, elle ne survécut pas longtemps à ce changement. Elle mourut et fut enterrée dans la cathédrale d'Angers, et pendant des siècles après, les ecclésiastiques du chapitre, une fois par an, au retour de l'anniversaire propre, célébraient une cérémonie solennelle sur sa tombe en en faisant le tour d'un pas lent et mesuré. pas en chantant un hymne.

La fin.

Note de bas de page 1 : Voir <u>la carte</u> au début du volume.

Note 2 : La position de Nancy, ainsi que la situation des deux provinces d'Anjou et de Lorraine, qui sont aujourd'hui des départements de France, peuvent être vues en se référant à toute bonne carte de ce pays, ou à celle du début de ce volume.

Note de bas de page 3 : Le nom était une contraction de Frederick.

Note de bas de page 4 : Voir <u>Frontispice</u> .

Note de bas de page 5 : Voir <u>la carte</u> . Le fils aîné du roi de France et héritier de la couronne est appelé le Dauphin. Son rang et sa position correspondent à ceux du prince de Galles en Angleterre.

Note de bas de page 6 : À la page <u>20</u> .

Note de bas de page 7 : C'est-à-dire le quatrième du tableau. Il y avait d'autres enfants qui ne sont pas mentionnés ici.

Note de bas de page 8 : L'histoire de Lady Neville et son lien avec les grandes transactions politiques dans lesquelles Marguerite d'Anjou était engagée à cette époque, même si elle doit selon toute probabilité être considérée comme un roman, n'est pas une invention du compilateur de ce récit. Elle est intimement liée à l'histoire de Marguerite d'Anjou telle qu'elle est racontée ici par l'un de ses biographes les plus anciens et les plus souvent cités. Il est principalement utile aux lecteurs modernes pour illustrer les idées et les mœurs de l'époque.

Nous répétons ainsi souvent, dans cette série, des récits qui nous viennent des temps anciens et qui sont ainsi devenus partie intégrante de la littérature de l'époque et, en tant que tels, devraient être portés à la connaissance du grand public, mais qui, à l'heure actuelle, ne sont pas censés être historiquement vrais. Dans de tels cas, nous avons toutefois l'intention de toujours en informer. En l'absence d'un tel avis, le lecteur peut être sûr que toutes les déclarations contenues dans ces récits, même dans les moindres détails, sont en stricte conformité avec le témoignage des meilleures autorités existantes.

Note de bas de page 9 : Voir la carte .

Note de bas de page 10 : Voir la carte au début du volume.

Note de bas de page 11 : Voir la carte .

Note de bas de page 12 : L'archevêque de Cantorbéry, dont les circonstances de la mort ont déjà été évoquées.

Note de bas de page 13 : Voir la carte .

Note de bas de page 14 : Pour la situation de Blore Heath, voir la carte .

Note de bas de page 15 : Voir la carte de la frontière au début du chapitre xix.

Note de bas de page 16 : Prononcé Brezzay .

Note de bas de page 17 : Voir la carte au début de ce chapitre.

Note 18 : La nature des difficultés qui ont eu lieu en Angleterre et les circonstances qui ont conduit le comte de Warwick à abandonner la cause d'Édouard sont pleinement expliquées dans l'histoire de Richard III.